大力汽修学院指定培训教材

汽车电工电路
识图·分析·检测·诊断·维修

曹晶 编

QICHE DIANGONG DIANLU
SHITU FENXI JIANCE ZHENDUAN WEIXIU

化学工业出版社
·北京·

内容提要

本书分上下两篇。上篇介绍汽车电工电路基础,重点讲解汽车电工电路的基本结构与特点、汽车电路图和电路原型图、汽车继电器原理与检测、汽车信号与示波器的使用,以及常见汽车电路的检修方法。下篇介绍汽车电路诊断与维修,涵盖汽车的中控电路、遥控器电路、一键启动电路、开关电路、喇叭电路、总线系统、玻璃升降电路、雨刮器电路、天窗电路、转向灯电路、安全气囊电路、ABS系统电路、发电机电路、起动机电路等。

本书全彩色印刷,图片精美丰富、内容通俗易懂、案例丰富真实、数据准确可靠,适合初中级汽车维修工、汽车电工使用,也可作为汽车类职业技术院校师生教学和自学的参考书及相关企业的培训用书。

图书在版编目(CIP)数据

汽车电工电路:识图、分析、检测、诊断、维修 / 曹晶编. —北京:化学工业出版社,2020.9(2021.11重印)
ISBN 978-7-122-36925-3

Ⅰ.①汽… Ⅱ.①曹… Ⅲ.①汽车-电路-车辆检修 Ⅳ.①U463.62

中国版本图书馆CIP数据核字(2020)第081559号

责任编辑:黄 滢　　　　　　　　文字编辑:张燕文
责任校对:杜杏然　　　　　　　　装帧设计:王晓宇

出版发行:化学工业出版社(北京市东城区青年湖南街13号　邮政编码100011)
印　　装:北京瑞禾彩色印刷有限公司
710mm×1000mm　1/16　印张16½　字数225千字　2021年11月北京第1版第6次印刷

购书咨询:010-64518888　　　　　售后服务:010-64518899
网　　址:http://www.cip.com.cn
凡购买本书,如有缺损质量问题,本社销售中心负责调换。

定　价:99.00元　　　　　　　　　　　　　　　　版权所有　违者必究

前言

随着汽车制造业的快速发展和技术进步的加快，现代汽车的构造也越来越复杂，原因之一就是汽车电路在汽车上所占的比重越来越大。因此，现代汽车维修，最核心的内容就是汽车电路维修。汽车维修技术工人检测、诊断和排除故障等，都离不开汽车电路，都要围绕和结合实际的汽车电路进行。

而据笔者长期从事汽车维修培训和教学的经验来看，绝大多数的汽车维修入门人员，由于对汽车电路的基本原理、构造等理论知识还缺乏深入的理解，对汽车电路维修的要领和技巧也缺乏系统的掌握，不能很好地驾驭。这就导致了他们在从事汽车维修工作两三年以后，常常会出现技术瓶颈，给维修工作带来困难。因此，还需要有相关的理论书籍作指导，进一步提升理论知识和加强维修实践操作技能。为了帮助这类人员快速适应汽车维修工作岗位的需求，在化学工业出版社的组织下，我们编写了本书。

本书内容主要针对初中级汽车维修工、汽车电工，分上下两篇介绍。

上篇主要介绍汽车电工电路基础知识，重点讲解汽车电工电路的基本结构与特点、汽车电路图和电路原型图、汽车继电器原理与检测、汽车信号与示波器的使用，以及常见汽车电路的检修方法。

下篇主要介绍汽车电路诊断与维修的方法、技巧和要领，内容涵盖汽车上的各大重要电路，如中控电路、遥控器电路、一键启动电路、开关电路、喇叭电路、总线系统、玻璃升降电路、雨刮器电路、天窗电路、转向灯电路、安全气囊电路、ABS系统电路、发电机电路、起动机电路等。

本书为全彩色印刷，编写过程中努力做到图片精美丰富、内容浅显易懂，力求既适合初中级汽车维修工、汽车电工使用，也可作为汽车类职业技术院校师生教学和自学的参考书及相关企业的培训用书，对汽车维修感兴趣的私家车主和汽车驾驶员也能看懂。

笔者为大力汽修学院创始人兼首席培训讲师,书中所涉及的案例均来源于多年来进行汽车维修培训、教学过程中所遇到的一线车间真实维修案例,能够做到数据准确可靠。在编写过程中参考了部分图书、多媒体资料及原车维修手册,在此一并表示感谢!

限于笔者水平,书中疏漏之处在所难免,恳请广大读者批评指正。

编者

目录

上篇　汽车电工电路基础

第一章 01　电流与电压

第一节　认识电流　/3
第二节　电流的单位与测量　/4
第三节　认识电压　/6
第四节　电压的单位与测量　/7

/2

第二章 02　电阻与欧姆定律

第一节　电阻的串联与并联　/10
第二节　欧姆定律　/14

/9

第三章 03　串联分压及其应用

第一节　传感器通过电阻分压的形式采集信号　/17
第二节　利用电压降快速检测虚接　/24

/16

第四章 汽车电路结构、发展与特点

第一节 汽车电路结构与发展历程 / 28

第二节 现代汽车电路特点 / 31

27

第五章 汽车电路与电路图

第一节 认识汽车电路与电路图 / 35

第二节 汽车电路的三种状态 / 36

34

第六章 汽车继电器原理与检测

第一节 汽车继电器原理 / 40

第二节 汽车继电器检测 / 43

39

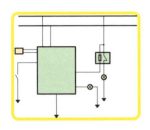

第一节 直控式电路 / 45

第二节 二次控制电路 / 46

第三节 逻辑控制电路 / 47

第七章 07
汽车电路原型图

44

第一节 汽车电路检修常用工具 / 50

第二节 常见汽车电路检修方法 / 55

第八章 08
常见汽车电路检修手段

49

第一节 汽车常见信号 / 59

第二节 示波器及其调整方法 / 64

第九章 09
汽车信号与示波器的调整

58

下篇 汽车电路诊断与维修

第十章 汽车中控电路 /72

第一节　中控锁结构　/73
第二节　A 控制逻辑　/73
第三节　B 控制逻辑　/77
第四节　C 控制逻辑　/80
第五节　D 控制逻辑　/85

第十一章 汽车遥控器 /89

第一节　遥控器的分类与 VVDI 生成设备　/90
第二节　遥控器生成方法　/93
第三节　遥控器匹配方法　/97

第十二章 汽车一键启动原理与检修 /100

第一节　一键启动各部件　/101
第二节　一键启动工作原理　/106
第三节　检修案例　/108

第一节 开关在汽车电路中的
　　　 连接　/ 114
第二节 汽车电脑采集开关
　　　 信号　/ 115

第十三章
汽车开关电路

113

第一节 车窗基本控制逻辑　/ 123
第二节 A 控制逻辑　/ 124
第三节 B 控制逻辑　/ 125

第十四章
汽车玻璃升降器控制逻辑

122

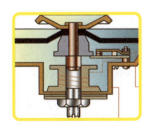

第一节 喇叭发声原理　/ 129
第二节 喇叭控制电路与检修
　　　 方法　/ 130

第十五章
汽车喇叭电路

128

第十六章 汽车总线通信基本原理与CAN-BUS物理结构 /134

第一节 总线通信基本原理 /135
第二节 CAN-BUS物理结构 /138

第十七章 CAN总线基本原理 /145

第一节 CAN总线波形认识 /146
第二节 CAN总线数据测量 /147

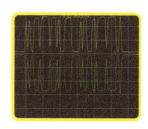

第十八章 CAN总线波形分析与故障检修 /150

第一节 CAN总线故障波形分析 /151
第二节 CAN总线常见故障检修 /154

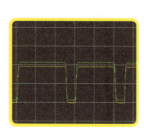

第一节　LIN 总线原理与实际应用　/ 160

第二节　LIN 总线常见故障检修　/ 162

第十九章
LIN总线原理与故障检修

159

第一节　MOST 总线原理与网路构架　/ 168

第二节　MOST 总线常见故障检修　/ 170

第二十章
MOST总线原理与故障检修

167

第一节　由 BCM 控制的车窗电路　/ 174

第二节　带有车门控制模块的车窗电路　/ 177

第二十一章
汽车玻璃升降电路

173

第二十二章 汽车雨刮器电路 / 185

第一节 雨刮器工作原理 / 186
第二节 A 控制逻辑 / 188
第三节 B 控制逻辑 / 190
第四节 C 控制逻辑 / 192
第五节 D 控制逻辑 / 194
第六节 E 控制逻辑 / 195

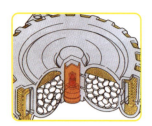

第二十三章 汽车天窗电路 / 198

第一节 天窗简介 / 199
第二节 天窗控制电路 / 202

第二十四章 汽车转向灯电路 / 204

第一节 带闪光器的转向灯电路 / 205
第二节 由车身电脑控制的转向灯电路 / 209

第二十五章 汽车安全气囊电路

第一节 安全气囊结构 / 212
第二节 安全气囊电路 / 215
第三节 常见故障检修 / 221

211

第二十六章 ABS系统电路

第一节 ABS系统工作原理 / 225
第二节 常见故障检修 / 226

224

第二十七章 汽车发电机电路

第一节 发电机工作原理 / 234
第二节 控制逻辑与常见故障检修 / 236

233

第二十八章 汽车起动机电路 /244

第一节 起动机结构原理 /245
第二节 常见故障检修 /246

 参考文献 /249

上篇
汽车电工电路基础

第一章

电流与电压

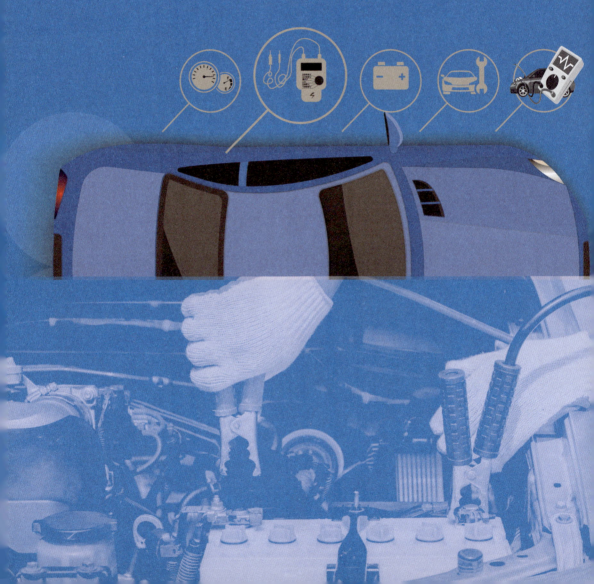

重点知识：
- 什么是电流
- 电流的单位与测量
- 什么是电压
- 电压的单位与测量

汽车维修主要任务是机电维修，机电维修顾名思义就是机械与电气维修。机械部分，因可以比较直观地看出机械运动原理，出现故障后可以很快地判断出故障点，一般从业3年的汽车维修人员，基本能掌握其维修方法。电气维修是很多维修人员的薄弱之处，因为对于电气部分，不能直观地看到元件的工作过程，所以不通过系统的学习，很难掌握电气部分的维修方法。现代汽车的维修工作很多都是机电一体化的维修，所以不能准确掌握电气维修方法，就很难把汽车修好。

电气维修的学习需要从电路基本原理开始，现以最通俗的方法讲解汽车电气原理以及维修思路。

第一节　认识电流

灯泡通电会亮，点烟器通电会发热，电机通电会转，电磁阀通电会动作。那么它们有没有什么共同点呢？答案是有的。只要我们细心观察就会发现，所有通电的部件都会出现发热或者磁化。灯泡是通电发热后发出白光的，点烟器也是通电后发热的，电机与电磁阀都是通电后出现磁化的。可以看到，所有用电器都在电流流过后出现相应的电流效应，电流主要有以下三大效应。

❶ **热效应**：导体通电后会发热，把这种现象称为电流的热效应。

❷ **磁效应**：任何导体通有电流后，都可以在其周围形成磁场，把这种现象称为电流的磁效应。

❸ **化学效应**：电流的化学效应主要是电流中的带电粒子（电子、

离子)参与了化学反应,发生了化学变化,例如电解水。

那么什么是电流呢?正常情况下所有的物质都是不带电的,但是因为某种特殊原因(化学因素、磁电等)电子聚集在一起。聚集在一起的电子与水往低处流的道理相似,也会有一种往电子少的地方流动的趋势。如果这个时候在电子多的地方与电子少的地方用导体构成一个回路,那么电子就会从多的地方流向少的地方,从而形成电流(图1-1)。

 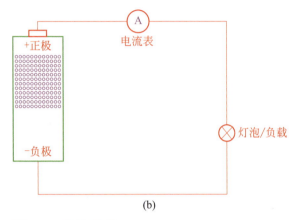

图1-1 电流原理

电流——导体中的自由电荷在电场力的作用下做有规则的定向运动就形成了电流。

 延伸学习:

电学中规定电流的运动方向是正电荷的运动方向,也就是我们常说的电流从正极出发流向负极,实际上电子带负电,是从负极流向正极的,但这与电流从正极出发流向负极并不矛盾。

第二节 电流的单位与测量

电流的强弱用电流强度来描述,电流强度是单位时间内通过导体的某一横截面的电量，简称电流，用字母 I 表示。常用电流的单位是安培，用字母 A 表示，除此之外还有毫安（mA）、微安（μA）。它们之间的换算关系为：

$$1A=1000mA$$
$$1mA=1000μA$$

使用安培表（电流表）或者钳流表测量电流强度。使用安培表测量电流，需要把表串联至用电器的回路中，钳流表则不需要。

常用的万用表的电流挡（安培表）。如图 1-2 所示。

图 1-2　安培表

在使用万用表的电流挡测量电流时，应注意以下几点。

❶ 万用表的表笔要正确插入相应的测量孔。

❷ 万用表要与被测用电器串联。

❸ 被测电流不应超过当前的量程。

❹ 因为在电流挡时万用表的内阻非常小（相当于一条导线），所以绝对不允许不经过用电器直接把万用表接到电源的正、负极上。

钳形电流表（简称钳流表，见图 1-3），是集电流互感器与电流表于一身的仪表，其工作原理与电流互感器测电流是一样的。电流互感器的铁芯在捏紧扳手时可以张开，被测电流所通过的导线穿过铁芯张开的缺口，当放开扳手后铁芯闭合，被测电流的导线就成为电流互感器的一次线圈，其中通过的电流便在二次线圈中感应出电流，使与二次线圈相连的电流表有显示，从而测出被测线路的电流。

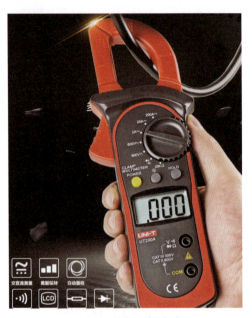

图1-3　钳形电流表

钳形电流表分高、低压两种，用于在不切断线路的情况下直接测量线路中的电流。

延伸学习：

电流可分为交流电流与直流电流。

交流电流的大小和方向随时间发生周期性变化。

直流电流的方向不随时间发生改变。

第三节　认识电压

我们都知道家里的自来水是在水厂进行加压的，水厂那边的压力高，水龙头这边压力低，所以打开水龙头水就会流出。在前面的学习中，我们提到过电子聚集在一起后会有一个从电子多的地方向电子少的地方流动的趋势，这个趋势称为电位差，单位为伏特（V）。

拿一节干电池（图1-4）来讲解。干电池的负极聚集了很多电子。正极缺失电子，电子有一个从负极向正极流动的趋势。我们也称电池的正极为高电位，负极为低电位。在电位差的作用下，电流从正极流向负极。正、负极电位差的单位除了V外，还有kV(千伏)和mV(毫伏)，它们之间的换算关系为：

$$1kV=1000V$$
$$1V=1000mV$$

图 1-4　干电池

第四节　电压的单位与测量

测量电压时，使用伏特表（图1-5），也就是常说的万用表的电压挡。

在测量电压时，需要把万用表拨到相应的挡位，表笔插在电压测量孔中，然后将万用表并联在被测电路中就可以测量到电路中的电压。

图 1-5　伏特表

第二章
电阻与欧姆定律

重点知识：

- 电阻串联与并联
- 欧姆定律

第一节　电阻的串联与并联

如图 2-1 所示，在电路中加了一个电阻，灯泡就会变暗。这说明电阻对电流有一定的阻碍作用，从而使电流变小、灯泡变暗。在电路中任何能对电流产生阻碍作用的部件都可以称为电阻，电阻可以理解为阻止电流流动及使其缓慢流动的阻力。电阻将电能转化为其他形式的能，如热能、光能或者磁能。

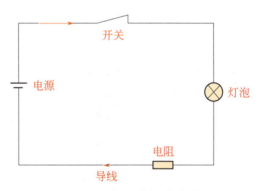

图 2-1　电阻使灯泡变暗

电阻在电路中用字母 R 表示，其单位有毫欧（$m\Omega$）、欧姆（Ω）、千欧（$k\Omega$）、兆欧（$M\Omega$）。它们之间的换算关系为：

$$1000m\Omega=1\Omega$$

$$1000\Omega=1k\Omega$$

$$1000k\Omega=1M\Omega$$

在电子元器件的家族中一类电子元器件称为电阻，如图 2-2 所示。它在电路中起到的作用就是限制电流的流动。

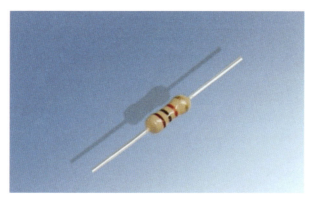

图 2-2 色环电阻

电阻的外形有很多种，图 2-2 所示的是一个色环电阻。它的阻值大小用色环表示。一个颜色代表一个数字：棕1，红2，橙3，黄4，绿5，蓝6，紫7，灰8，白9，黑0。

以图 2-3 为例简要说明色环电阻的识别方法（这是一个 4 色环电阻，5 色环电阻识别方法一样）。在图 2-3 中可以看到有一道环距离其他环较远，它是电阻的误差环。从左往右依次是红、绿、棕，得到数字为 251，前面两位为有效位，记为 25，后面的 1 表示在 25 后面写 1 个 0，从而得到 250Ω 的阻值。

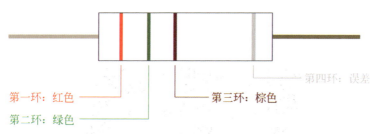

第一环：红色
第二环：绿色
第三环：棕色
第四环：误差

图 2-3 色环电阻的识别

色环电阻的标识见表 2-1。

表 2-1 色环电阻的标识

色别	第一色环 第一位数字	第二色环 第二位数字	第三色环 应乘的数	第四色环 误差
棕	1	1	10	
红	2	2	100	
橙	3	3	1000	

续表

色别	第一色环 第一位数字	第二色环 第二位数字	第三色环 应乘的数	第四色环 误差
黄	4	4	10000	
绿	5	5	100000	
蓝	6	6	1000000	
紫	7	7	10000000	
灰	8	8	100000000	
白	9	9	1000000000	
黑	0	0	1	
金			0.1	±5%
银			0.01	±10%
无色				±20%

体积大的电阻可采用直标法，也就是把阻值直接标在电阻上。一些体积小的电阻使用了数字标识，如图2-4所示的贴片电阻。

图2-4 贴片电阻

图2-4中的贴片电阻上直接写了103，同理，前面两位为有效位，为10；3表示后面写3个0，得出10000Ω=10kΩ的阻值。

如图2-5所示，把电阻首尾相连，就构成了电阻的串联。

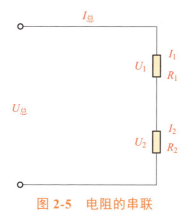

图 2-5 电阻的串联

在串联电路中,主要有以下规律。

❶ 流过每一个电阻的电流相等,即
$$I_总 = I_1 = I_2$$

❷ 串联电阻的端电压等于各电阻两端电压之和,即
$$U_总 = U_1 + U_2$$

❸ 电路中的总电阻等于各串联电阻之和,即
$$R_总 = R_1 + R_2$$

❹ 电路中的每个电阻的端电压与电阻成正比,即
$$U_1 = \frac{R_1}{R} U$$
$$U_2 = \frac{R_2}{R} U$$

如图 2-6 所示,把电阻的首尾分别连接在一起,就形成了电阻的并联。

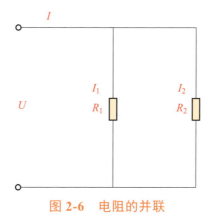

图 2-6 电阻的并联

在并联电路中，主要有以下规律。

❶ 各并联电阻的端电压相等，且等于电路两端的电压，即

$$U=U_1=U_2$$

❷ 并联电路中的总电流等于各电阻中流过电流之和，即

$$I=I_1+I_2$$

❸ 并联电路的总阻值的倒数等于各并联电阻的阻值倒数之和，即

$$\frac{1}{R}=\frac{1}{R_1}+\frac{1}{R_2}$$

$$R=\frac{R_1R_2}{R_1+R_2}$$

❹ 并联电路中，流过各电阻的电流与其电阻值成反比，电阻值越大的电阻流过的电流越小，各支路的分流关系为：

$$I_1=\frac{R_2}{R_1+R_2}I$$

$$I_2=\frac{R_1}{R_1+R_2}I$$

第二节 欧姆定律

如图 2-7 所示，用一个电阻接上电源，串进电流表，并上电压表，测得的结果是当电阻一定时，改变电路中的电压，随之改变的是电流，而且是随着电压的升高电流增加。如果固定电路中的电压不变，去改变电阻，那么随着电阻加大电流会逐渐减小，电阻减小电流会逐渐加大（图 2-8）。

通过以上实验可知：

$$I=\frac{U}{R} \quad U=IR \quad R=\frac{U}{I}$$

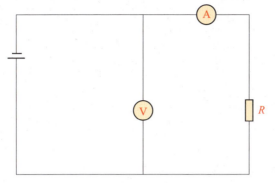

图 2-7　欧姆定律实验电路

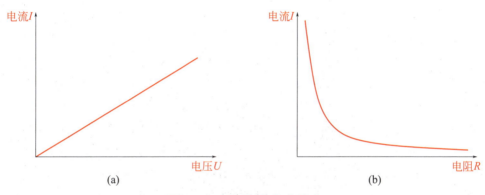

图 2-8　欧姆定律实验结论

第三章

串联分压及其应用

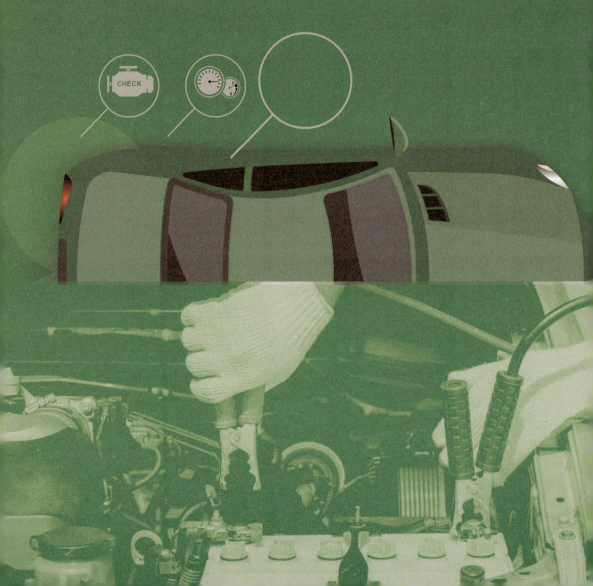

重点知识：

- 传感器通过电阻分压的形式采集信号
- 利用电压降快速检测虚接

第一节　传感器通过电阻分压的形式采集信号

（1）检测温度类传感器

检测温度类传感器一般都是采用一种特殊的电阻（负温度系数热敏电阻）制作的。首先我们先认识一下负温度系数热敏电阻。

图 3-1 所示为负温度系数热敏电阻。一般电阻的阻值是固定的，而负温度系数热敏电阻的阻值是随温度而变化的，温度上升，阻值会下降。每一款负温度系数热敏电阻的温度曲线是不一样的。

图 3-1　负温度系数热敏电阻

图 3-2 所示为一个水温传感器的温度系数图谱,可以看出这款水温传感器内部电阻的阻值与温度之间的关系。例如在 120℃时电阻的阻值只有 0.1kΩ,而在 -20℃时它的阻值达到了 13kΩ。利用这一特性便可制作出一个可以检测温度的传感器。

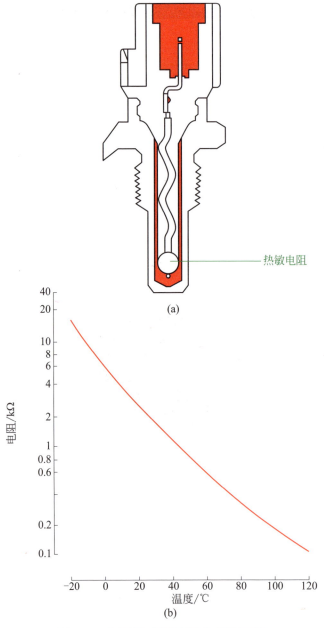

图 3-2 水温传感器的温度系数图谱

图 3-3 所示为一个温度传感器检测电路模型，电脑内部的 5V 基准电源通过上拉电阻（10kΩ）由外部导线接入到传感器内部的负温度系数热敏电阻，电阻的另一端通过导线回到电脑内部的负极形成回路。上拉电阻与负温度系数热敏电阻构成了一个串联电路。根据前面讲到的串联电路分压原理，负温度系数热敏电阻的阻值发生变化，在 VDC1 位置的信号电压就会发生变化，电脑检测 VDC1 位置的电压，即可知晓外部温度的变化。

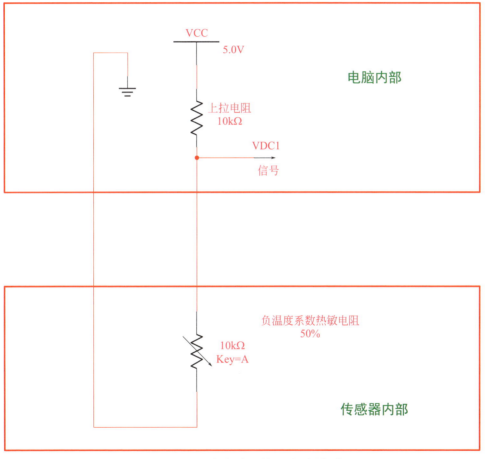

图 3-3　温度传感器检测电路模型

图 3-4 所示为宝马 7 系 F02 底盘发动机水温传感器电路，可以看到该车的传感器两根线都进入了电脑。发动机通过传感器的电阻变化来判

断当前水温变化。这种传感器如果检测不到水温该怎么排查故障呢?

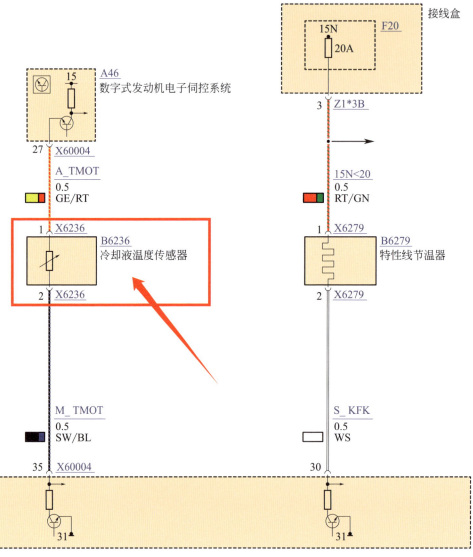

图 3-4　宝马 7 系 F02 底盘发动机水温传感器电路

❶ 首先拔下传感器,使用万用表的电压挡测量线束插头上面的电压,一般都是 5V。如果没有 5V 电压,那么就要分辨出来是没有 5V 电源还是没有接地,只要把万用表的表笔接到蓄电池(俗称电瓶)的负极,逐个测量插头上面的引脚就可以了。如果要检测负极线,方法一样,只需要把万用表的表笔接到蓄电池正极即可。

❷ 确定了插头上面的电压，下一步就是确定传感器的好坏了，因为传感器是负温度系数热敏电阻，所以无法通过阻值判断其好坏。但是至少有一点，传感器的电阻不会无穷大，也不会接近于零。

通过以往的维修经验，我们总结出水温传感器检测不出温度大致有以下几个问题。

❶ 传感器损坏。

❷ 导线开路。

❸ 插头虚接。

❹ 电脑内部负极开路。

❺ 电脑损坏。

只要按照前面的方法，就可以快速检测出水温传感器是不是好的。

（2）电位计

图 3-5 所示为电位计图形符号。电位计有三个引脚，分别为 A、B、C，其中 A 脚与 B 脚之间的阻值 R_{AB} 是不变的，C 脚的位置是可变的，它随着电位计旋钮位置的变化而变化，也就是说调整旋钮位置，A 脚与 C 脚之间的电阻 R_{AC} 就会发生变化，同时 C 脚与 B 脚之间的电阻 R_{CB} 也会发生变化，且满足

$$R_{AC}+R_{CB}=R_{AB}$$

那么我们可以把 R_{AC} 与 R_{CB} 视为两个串联电阻，只要调整 C 脚的位置，就调整了两个电阻的阻值。这时根据电阻串联分压的原理，在 A、B 两脚之间加上一个电压，那么 A、C 两脚与 C、B 两脚之间的电压就会随着旋钮的位置而变化，且满足

$$V_{AB}=V_{AC}+V_{CB}$$

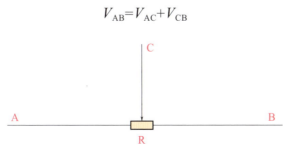

图 3-5　电位计图形符号

在汽车维修中还能看到一类位置检测传感器,例如油箱油位传感器、节气门位置传感器、空调风门位置传感器等,这些传感器也有一个共同点,就是利用位置的改变来联动电位计,位置发生变化,电位计中间引脚的输出电压就会变化,这个变化的电压就代表了位置的变化。

图 3-6 所示为迈腾 B8 的油泵控制电路,红色箭头位置所指的是一个油位传感器。根据前面所讲的知识,可以看出它的 2 号和 4 号端子是电位计的供电端,3 号端子会随着油位的变化而输出不同的电压。这样油泵控制模块 J538 就可以得到油位信息。

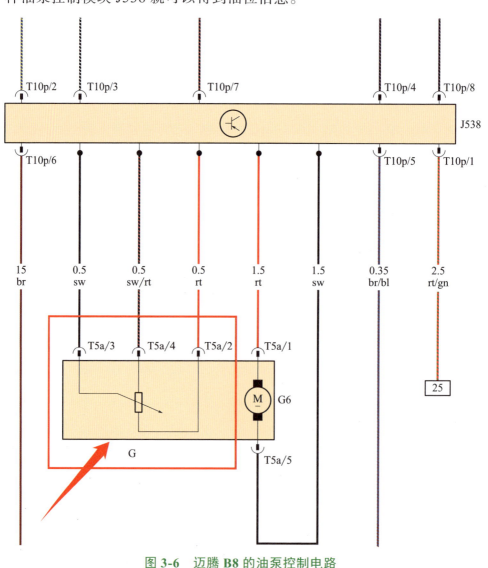

图 3-6　迈腾 B8 的油泵控制电路

如果车辆不能检测到正确的油位，那么问题可能出在油位传感器这里，根据其工作原理可以按下述方法检测。

❶ 首先对线路进行检测。一定要保证2号端子与4号端子之间的供电正常。且3号端子到油泵控制模块J538之间的导线连接正常。

❷ 对油位传感器进行检测。可以将传感器拆下来，用手摆动油浮子，然后检测3号端子与2号端子或者3号端子与4号端子之间的电阻变化来判断其是不是有问题。

> **实用小技巧**
>
> 电位计（图3-7）可以拿来模拟信号。例如前面谈到的温度传感器，使用其中任意两个可变电阻的引脚接入汽车电路中，然后打开点火开关，使用解码器读取温度值，接着去调整电位计，相应的数据流就会发生变化，否则线路或者电脑有故障。同理也可以把电位计的三个引脚接到位置传感器电路中，调整电位计，那么相应的数据流也会发生变化，否则电路或者电脑有故障。

图 3-7　电位计

第二节　利用电压降快速检测虚接

（1）虚接的测量方法

在汽车电路维修工作中，常会遇到因线路虚接（接触不良）而导致用电器不能正常工作的问题。如果虚接非常严重，可以发现用万用表可以测到电压，但是试灯不能点亮。很多维修人员把这种现象描述为"虚电"。虚接不是非常严重也会导致用电器不能正常工作，那么这个故障该怎么去检测呢？

用图 3-8 进行分析。在图 3-8（a）所示电路中，插头位置有虚接，可以近似将插头位置视为一个电阻，虚接越严重，那么电阻值就越大，等效电路如图 3-8（b）所示。等效电阻与用电器构成了一个串联电路。在虚接的两端一定会有电压，且电阻越大（虚接越严重）电压也就越高，电源电压减去这个电压才是加载在用电器上面的电压，用电器会因虚接处的分压作用不能正常工作。这种故障一般出现在使用年限较长的车辆中。

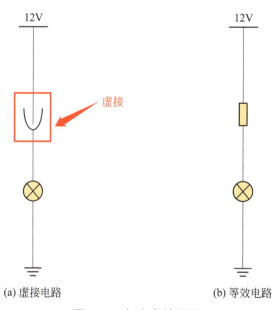

图 3-8　电路虚接原理

对于这种故障的判断其实也很简单，我们只需要用到一个万用表和一个试灯，按照图3-9所示的连接方法，用试灯去模拟负载，再用万用表去测量负载正极端的电压。如果线路有虚接，那么电压一定会小于电源电压；如果线路没有虚接，那么这个电压就等于电源电压。

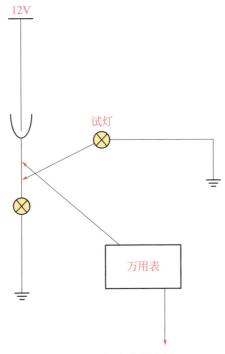

图 3-9　电路虚接判断

这种方法可简称为"试灯＋万用表"测电源法，广泛用于各种用电器的电源线路检查以及熔丝（保险丝）检查。例如，熔丝烧蚀但还有一点儿没有烧断，如果只用试灯去测试，会发现试灯可以点亮，但是加上万用表，会发现熔丝一端的电压远远低于电源电压。

（2）漏电的测量方法

漏电就是指汽车短时间停放后出现无法启动的故障，这类故障基本上是因为车辆关闭点火开关后仍有用电器在工作。关闭点火开关后，所有用电器会进入休眠状态，这时整车的休眠电流非常小，以保证下次启动。但是因为有用电器或者模块没有休眠，就会导致休眠电流过大，使再次启动失败。此时的首要工作是找到哪个用电器没有休眠，这是让很多维修人员感到棘手的问题。

以往的检测手段，一般是在蓄电池的负极或者正极串上一个电流表，然后让车辆进入休眠状态（关闭点火开关锁车等待5min），观察电流，正常情况下电流一般都是小于80mA的，如果大于这个值，车辆就是漏电的。一般的做法是拔掉熔丝后观察电流变化，如果拔到哪一个熔丝电流值下降了，就说明这一路电路没有休眠。这种方法有很多弊端，例如突然断电可能会引起模块数据丢失，导致车辆故障越修越多。这里介绍一种方法，不拔熔丝测量哪一路电路漏电。

如图3-10所示，熔丝两端都预留两个检测口。一般熔丝的电阻在0.3Ω左右。用电器与熔丝之间是串联关系，根据串联分压原理，如果用电器依旧在工作，那么熔丝两端就一定会有分压，虽然这个电压只有几毫伏。只要用万用表的电压挡去测量每一个熔丝两端的电压，就可以判断出来哪一路熔丝依旧有电流通过，即这一路没有休眠。

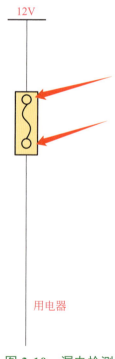

图3-10 漏电检测

第四章
汽车电路结构、发展与特点

> **重点知识：**
> - 汽车电路结构与发展历程
> - 现代汽车电路特点

第一节 汽车电路结构与发展历程

最初的汽车电路并不复杂，因为那时汽车上的用电器非常少，只有喇叭、灯光与雨刮几个必要的基本系统，而且这些系统的结构也非常简单。如图 4-1 所示，电源从蓄电池正极出发，经过总熔丝到达点火开关，再到达熔丝盒内部的分熔丝，出来后到达大灯开关，最后到大灯。这种电路结构非常简单，即所有用电器支路都并联，把每个支路的电源开关、熔丝和用电器再用导线串联起来即可。

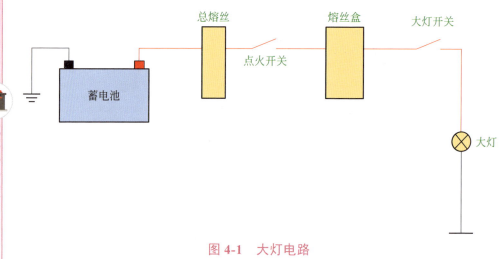

图 4-1 大灯电路

由图 4-1 可以总结出以下几个点。

（1）低压供电

汽车电气系统的额定电压主要有 12V 和 24V 两种，汽油车普遍采用 12V 电源，柴油车多采用 24V 电源。

（2）直流电源

汽车上使用蓄电池和发电机供电，而交流电无法储存，所以只能使用直流电源供电。

（3）采用双电源

汽车上采用两个电源，即蓄电池与发电机。它们以并联的形式给汽车供电。发电机未发电时由蓄电池供电，发电机发电后由发电机向整车供电。

（4）装有保险装置

为了防止电路或者元件搭铁短路而烧毁线路或者用电器，汽车电路均安装有保险装置，为了防止过流一般使用熔丝。

（5）用电设备并联

汽车所有用电器均采用并联方式，每个支路都是由熔丝、开关、用电器串联后并联在总电路上，互不干扰。

（6）采用单线制

汽车用电器都是并联的，从理论上讲需要一个公共的正极与一个公共的负极。因为汽车的车身是金属制造的，金属具有极好的导电性能，所以汽车的金属壳体可作为各种用电器的公共负极，而用电器只要有一根电源线即可。

（7）负极搭铁制

汽车的电路采用蓄电池负极搭铁，即公共金属壳体全都是蓄电池的负极。

经过多年的发展，汽车的用电器越来越多，也越来越智能化，相应的电路结构也越来越复杂。即便如此，汽车电路结构并没有发生太大的改变，改变比较大的是各并联支路由以往的开关、熔丝、用电器串联，变为了电源到熔丝再到模块了，各用电器均由模块集中控制，如图 4-2 所示。

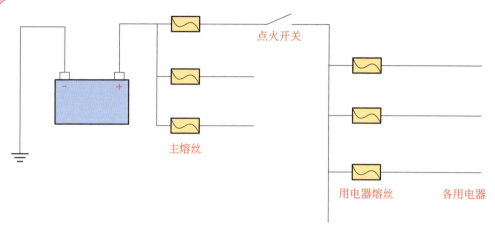

图 4-2　汽车电路结构的发展

如图 4-3 所示，模块会采集各个开关、传感器的信号进行逻辑判断，最后去控制执行器。同时现代汽车的模块大部分都是联网控制，也就是我们所说的总线。

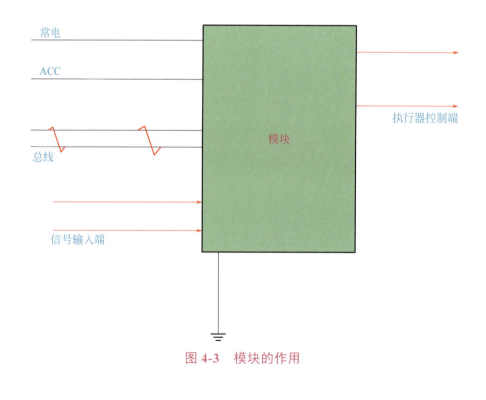

图 4-3　模块的作用

第二节　现代汽车电路特点

（1）供电电路控制

汽车由发电机与蓄电池同时向整车供电，在供电电路的控制经历了几个发展阶段，各自特点如下。

❶ 集中控制型点火开关　点火开关一般由 lock、ACC　ON/IG、ST/start 四个挡位构成：处于 lock 挡时整车断电，同时转向柱锁锁止；ACC 为附件挡，接通 ACC 后，汽车的收音机等娱乐系统电源接通；处于 ON/IG 挡时，整车供电全部接通；ST/start 为启动挡。

❷ 电子点火开关　这是现代汽车点火开关的主流，它不同于集中控制型点火开关。集中控制型点火开关需要大电流，而电子点火开关只是把点火开关状态信息送给了相应的模块，由相应的模块去供电。

❸ 一键启动　这种类型车辆的供电电路控制与电子点火开关类似，也是把相应的点火开关状态送入了一键启动控制模块，由一键启动控制模块去控制电源输出。

（2）网络化

现代汽车的电气系统一般都是模块控制策略，模块基本都采用联网控制，这就出现了各种总线如 CAN、LIN 等（图 4-4）。

（3）导线区分

汽车电路由导线为基本单位构成，再由导线构成线束。为区分导线走向，便于在维修工作中快速找到导线，现代汽车基本都是用颜色去区分导线，在电路图中也有标识（表 4-1）。

（4）插接件

插接件（也称连接器、插接器）由插座和插头两部分组成。用于线束与元器件之间的连接，是汽车导线的重要组成部分。插接件有不同的颜色、规格和外形。为了防止插接件在汽车行驶过程中脱开，所有的插接件均有闭锁装置。

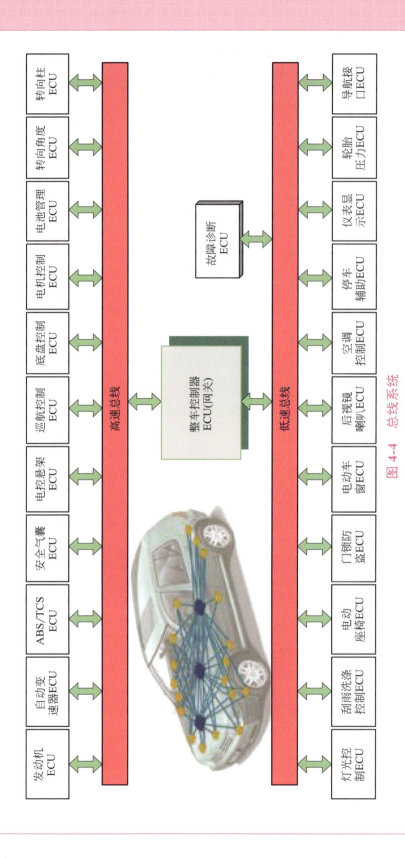

图 4-4 总线系统

表 4-1 某电路导线颜色

英文简写	颜色	色标
SW	黑色	
BL	蓝色	
RO	红色	
GE	黄色	
WS	白色	
LI	浅紫色	
GN	绿色	
BR	棕色	
GR	灰色	
OR	橘黄色	

汽车插接件因为其特殊性，很多都采用了防水措施。在维修时切记不要损坏防水装置，否则会导致线路因氧化而接触不良（图 4-5）。

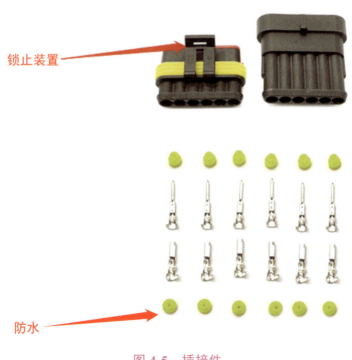

图 4-5 插接件

第五章
汽车电路与电路图

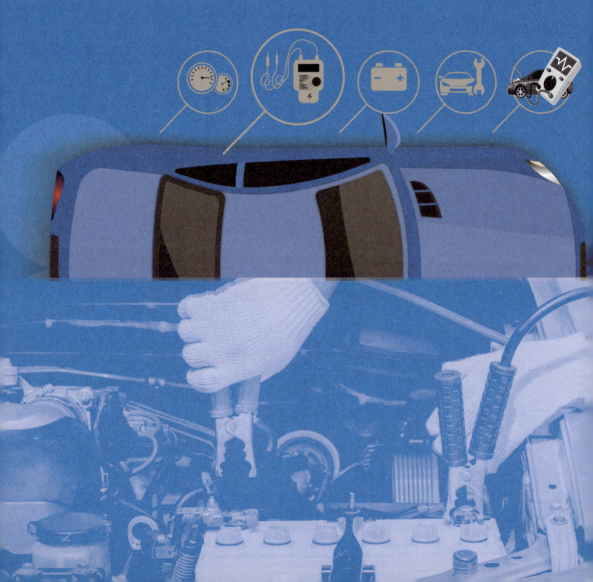

> **重点知识：**
> - 什么是电路
> - 电路的三种状态

第一节 认识汽车电路与电路图

（1）认识汽车电路

电路是电流流过的路径，图 5-1 所示为一个简单电路，该电路由电池、灯泡、开关和导线构成。电流从电池正极→导线→灯泡→导线→开关→导线→电池负极，形成一个完整的回路。

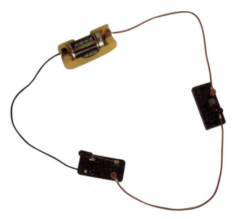

图 5-1 简单电路

从这里可以看出电路的一个基本特性：所有的电路都是由电源、负载、控制装置及导线构成。

❶ 电源：是电路中供应电能的设备。在汽车上以发电机、蓄电池为电源。

❷ 负载：是将电能转换为其他形式的能量的装置。灯泡、电热丝、电动机等都是负载。灯泡可将电能转换为光能，电热丝可将电能转换为热能，电动机可将电能转换为机械能。

❸ 控制装置：是指控制电流形成回路的装置。开关就是控制装置。汽车上各种继电器、功率开关管都是控制装置、它们负责控制电流的通断。

❹ 导线：是用来连接电源、负载、控制装置的。汽车电路中使用单线制，正极使用合金或者铜导线，负极直接使用金属壳体作为导线。

(2) 认识汽车电路图

在分析和学习电路时，需要将电路画出来以便于分析。如果按照实物绘制会很不方便，所以使用一些简单的符号来替代实物画出电路，这样绘制的电路就称为电路图。图 5-2 所示就是一个电路图。

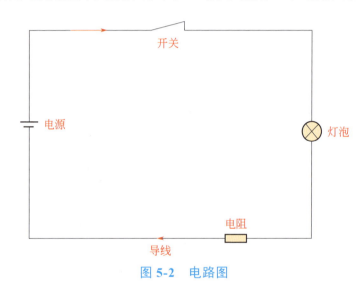

图 5-2　电路图

第二节　汽车电路的三种状态

(1) 通路

如图 5-3 所示，电源正极→开关→负载→电源负极，形成了一个完整的回路，这称为电路的通路。这是一个正在工作中的电路，任何一个电路都要形成电流的通路才能正常工作。

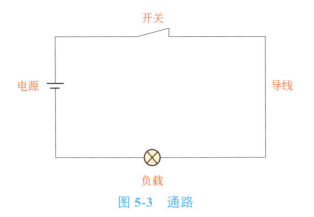

图 5-3　通路

（2）断路/开路

如图 5-4 所示，电流从电源正极出发，不能通过电路回到电源负极，这就是断路。断路的形成，可以是导线断开，也可以是插头断开或者是熔丝熔断。一切导致电流不能正常流过电路的状态都称为电路的断路。开关断开也可以称为电路的断路，只不过它不是电路的故障状态。如果是熔丝熔断出现的断路，就是电路的一种故障状态——开路。在维修工作中对于绝大部分的电路都是开路故障维修。

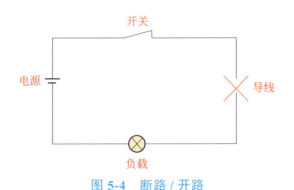

图 5-4　断路/开路

（3）短路

如图 5-5 所示，短路是指电流未经过负载直接回到负极的状态。短路是电路状态中最危险的一种状态，因为没有经过负载，所以电流基本没有什么限制，电流会非常大，因此会烧毁导线甚至电源。

图 5-5　短路

第六章
汽车继电器原理与检测

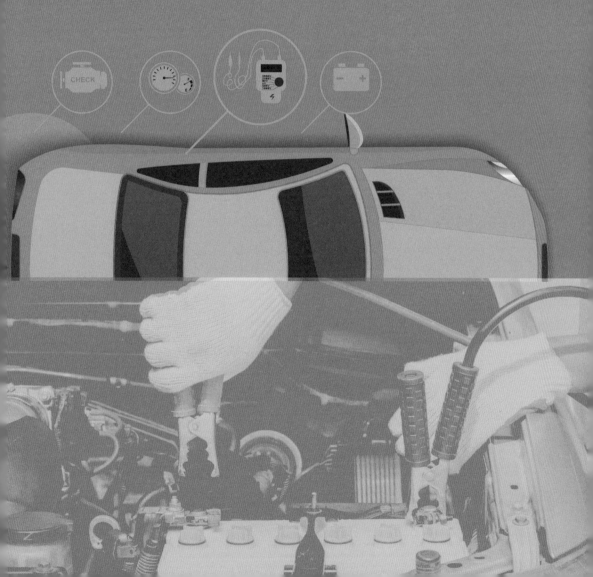

重点知识：
- 汽车继电器原理
- 汽车继电器检测

第一节　汽车继电器原理

继电器（图 6-1）是汽车控制电路中广泛使用的一种元件，它是利用电磁感应原理，让电磁线圈控制某一回路的接通或者断开，实现小电流控制大电流，从而减小控制开关或者模块的电流负荷，保护开关触点和模块。汽车上广泛使用的是电磁继电器。常见的继电器有大灯继电器、小灯继电器、喇叭继电器、油泵继电器等。

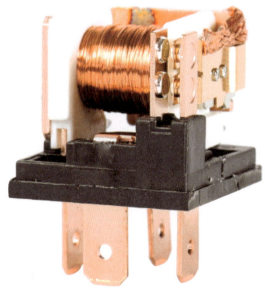

图 6-1　继电器实物

继电器由铁芯、线圈、衔铁、回位弹簧、触点组成。继电器的工作原理如图 6-2 所示。当控制电路开关闭合时，线圈上会通过电流，从而形成了一磁场。此时线圈所产生的磁场就会吸引衔铁克服弹簧力向下动作。这时常开触点会闭合，从而接通后面的电路。控制电路开关断开时，线圈失去了电流，磁场消失，衔铁会在弹簧弹力的作用下离开线圈，从而使常闭触点闭合。

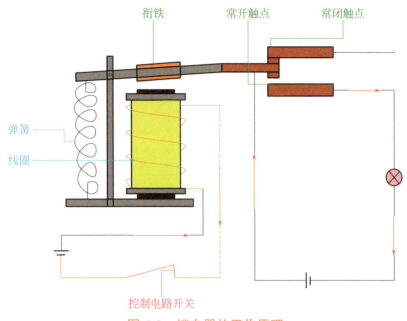

图 6-2 继电器的工作原理

如图 6-3 所示，继电器的线圈是由 85、86 控制的，30 为继电器的输入端，87a 为继电器的常闭触点，87 为继电器的常开触点。因此可以得出一个简单的逻辑：86/85 通电 30/87 导通；86/85 断电 30/87a 导通。

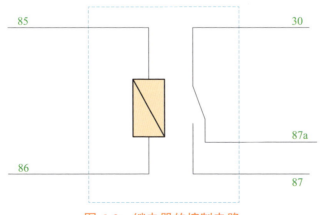

图 6-3 继电器的控制电路

继电器按照接通以及断开方式可分为常开继电器、常闭继电器及常开常闭混合继电器，甚至有的继电器内部同时集成了多个触点和多个线圈，可以从继电器的端子图中得出相应的逻辑关系（图6-4）。

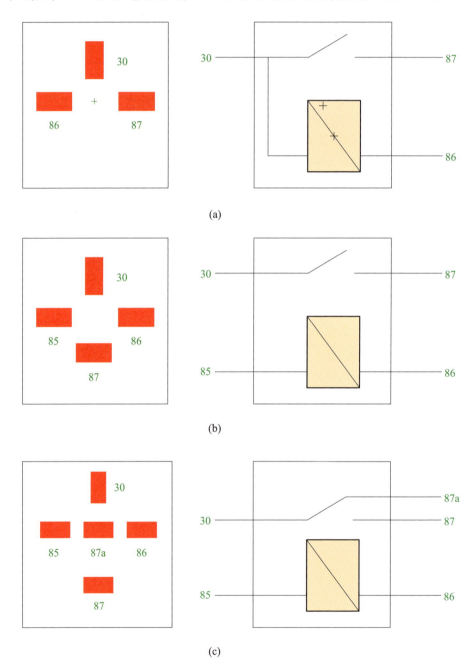

图6-4 继电器的端子逻辑关系

第二节　汽车继电器检测

（1）静态检测

使用万用表的电阻挡测量继电器的线圈阻值，从而判断线圈是否开路或者短路。一般12V继电器的线圈电阻范围为80～120Ω。

（2）通电检测

如果电阻符合要求，再给继电器的线圈加载工作电压，然后使用万用表检测相应的触点闭合情况。断开的触点电阻应该无穷大，闭合的触点电阻一般在0.3Ω左右，不应该太大，否则继电器触点会烧坏。

第七章
汽车电路原型图

重点知识：
- 直控式电路
- 二次控制电路
- 逻辑控制电路

第一节 直控式电路

直控式电路是指由开关直接控制的电路，在汽车上常见于简单的电路或者较老式的电路。其优点是结构简单，便于维修；缺点是不能完成复杂的电路控制，且如果电路中电流较大，开关触点就必须做得大，同时开关较容易烧坏。

这种电路在出现故障时的维修思路是，先找到用电器，根据用电器确定哪一个端子是常供电（图中是搭铁）接着使用试灯来验证这个常供电是否正常。接着顺着电流的方向依次往上查正极供电是否正常。图 7-1 中的正极供电为 VCC→熔丝→开关→负载→搭铁。

图 7-1　直控式电路

用试灯依次在负载的正极供电端往上挨个验证是否有电，以找到故障点。假设熔丝的下游没有检测到电压而熔丝的上游有电压，即说明熔丝处开路，但是开路原因并非只有熔丝烧坏，还应考虑端子接触是否良好。

第二节　二次控制电路

二次控制电路是指大电流回路使用小电流控制。如图 7-2 所示，负载回路的通断是由继电器的触点控制的，而继电器的触点是否闭合取决于小电流回路是否形成。这种控制方式的电路称为二次控制电路（汽车电路也有可能多级嵌套控制）。

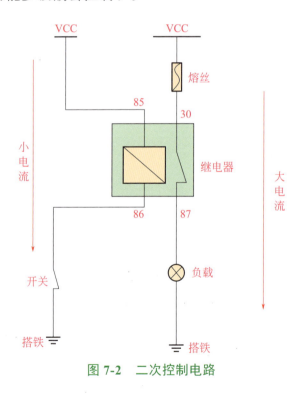

图 7-2　二次控制电路

二次控制电路分析中，要把大电流回路和小电流回路分开来分析。

大电流回路：

VCC→熔丝→ 30 → 87 →负载→搭铁

大电流回路闭合的前提是小电流回路形成。

小电流回路：

$$VCC \to 85 \to 86 \to 开关 \to 搭铁$$

在维修时，需要注意分清是哪一路出现故障导致电路不能正常工作。最快的方法就是短接大电流回路中的30和87端子，看用电器是否能正常工作。如果不能正常工作，按照前面的直控式电路检测方法检查。如果可以正常工作，把维修重点放在小电流回路上，依旧使用上面的直控式电路检测方法检查。

第三节 逻辑控制电路

把凡是带模块控制的系统电路统称为逻辑控制电路。如图7-3所示，逻辑控制电路以模块为核心部件，模块接受外围传感器或开关信号，通过分析比较得出应该给哪一路控制电路通电控制。

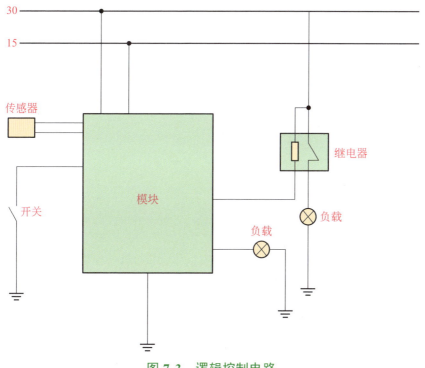

图7-3 逻辑控制电路

在维修这类电路时，通常把信号输入部分和负载控制部分分开检修。有的模块带自检功能，要充分利用其自检功能读取传感器以及开关的输入量，并与实际进行比较，从而快速判断输入端是否有故障。对于负载部分的驱动，可按照前述的直控式电路或二次控制电路来分析，也可使用模块的自检功能来进行驱动测试，以判断负载部分是否有故障。

第八章
常见汽车电路检修手段

> 重点知识：
> - 电路检修常用工具
> - 常见汽车电路检修方法

第一节　汽车电路检修常用工具

（1）万用表（图8-1）

图8-1　万用表

　　万用表是汽车电路检修中使用最广泛的一种仪器，它是把电压表、电流表、欧姆表、通断测试几种功能合为一体的表，所以称为万用表。万用表可以快速地测量出电路中的电压、元器件的电阻以及电路中的电流，对判断汽车故障有着重要的作用。

（2）试灯（图8-2）

图 8-2　试灯

试灯又分为功率试灯和 LED 试灯。试灯的作用与万用表的电压挡差不多，利用试灯检测要比万用表的电压挡更直观。

❶ 功率试灯：大部分的应用场合是检测电路时替代用电器，相比于万用表，其优点是万用表只可以看出是否有电压，而功率试灯却可以看出这个电压到底能不能带动负载，也就是能不能形成电流。同样的道理，试灯还被广泛应用于电源电路的检测，要比万用表更直观。

❷ LED 试灯：一般应用的地方是检测电路中的脉冲信号，因为有些脉冲信号是不能带动负载的，而万用表的响应速度又慢，所以使用 LED 试灯检测会更直观（LED 试灯闪烁）。

（3）短接线（图8-3）

短接线可以用一根导线经过改造而成，常见的改造方法是把一根长度合适的导线（1m）两头接上鳄鱼夹或者探针。这样在维修电路时，如果怀疑哪一段导线虚接或者开路。可以直接用短接线跨接验证。

图 8-3　短接线

（4）推针工具（图8-4）

图 8-4　推针工具

推针工具一般用得不多，但是在实际维修电路虚接故障时用处就大了。很多电路的疑难故障其实就是因插头接触不良引起的。一个插头往往有好几根线，这时需要把怀疑对象拆下来，然后检测就比较方便了。但是插头上的针都不好拆，所以推针工具就发挥作用了。

(5)解码器(图8-5)

图8-5　解码器

解码器是现在每一个修理厂必备的工具了,很多人都以为解码器就是消除故障码的,其实不然。汽车上有很多电脑,在工作的过程中如果遇到了故障,电脑就会记录下来,同时亮起故障灯提醒驾驶员需要维修车辆了。电脑是没有显示器的,我们根本看不出来电脑在工作的时候运行的数据。所以解码器可以视为汽车电脑的显示器,它是用来显示汽车电脑存储的故障码以及运行数据的(数据流)。同时解码器还有一定的标定作用,那什么是标定呢?家用电脑需要装一些软件,就要从互联网上下载或者购买,汽车电脑如果升级程序或者打个补丁,就需要解码器了,厂家把软件安装在解码器里,或者解码器联网下载软件,再把软件写到汽车电脑中去。这个过程也称为编程。

(6)示波器(图8-6)

图8-6 示波器

示波器被称为电子工程师的眼睛。我们可以通过示波器的屏幕准确观察到电路中的电流是怎么走的。它不像万用表测电压只告诉你是多少伏。示波器可以告诉你电路中的电压是怎么随着时间的变化而变化的。从这些细微的变化中也许可以发现故障点。示波器的使用方法详见第9章。

(7)电位计和电阻(图8-7、图8-8)

图8-7 电位计

图 8-8　电阻

在维修汽车电路时，电位计和电阻一般用于模拟信号，并根据模拟信号的变化来观察执行器是否能工作。例如可以使用电位计模拟油浮子的动作来观察油表的变化，这样就可以快速判断出是油浮子的问题，还是电路或者油表的问题了。

第二节　常见汽车电路检修方法

（1）万用表测电压

前面已讲过万用表测电压的方法，相信大家也都掌握了，那么在实际维修中需要注意什么呢？万用表测电压的方法是采样去平均值，也就是说 1s 万用表会连续监测电压 2~4 次，然后取平均值显示在显示屏上面。同时万用表是高阻抗的，换句话说万用表不消耗电流，也就没有功率产生。在万用表测电压时还需要注意以下两点：万用表测脉冲电压不准确；万用表测得有电压不代表它可以带动负载。

（2）试灯测电压

试灯在汽车电路维修中作用非常大，虽然它不可以像万用表那样显示出当前被测电路中的电压是多少，但是它也可以检测出电路中是否有电流。一般试灯在电路中的应用如下所述。

❶ 功率试灯测熔丝。很多人在测熔丝时喜欢用万用表的电压挡，这样检测可能会出现误判，即电路中有电压却不能带动负载。那么这时使用试灯去挨个测量熔丝两端的电压是否可以点亮试灯，就可以很轻松地判断出熔丝是不是完好的。

❷ 功率试灯替代用电器。假如现在某用电器不工作了，怀疑要么是电路开路，要么是该用电器坏了。这时使用试灯去替代用电器，就可以很快判断出电路是否开路。如果试灯点亮了，那么电路就是完好的，出故障的就是用电器。如果还不放心，可以在试灯点亮的同时测量试灯两端的电压来判断电路是否虚接。

（3）导线跨接

在电路检修中，如果怀疑哪一段电路有开路，可以使用导线直接跨接进行检查，方法有以下两种。

❶ 普通导线跨接。使用普通导线跨接时，最怕的是电源部分，如果电源部分出现短路，跨接就容易出现危险。信号部分可以直接跨接。这时我们前面讲的跨接线就用上了。

❷ 万用表电流挡跨接。万用表处于电流挡时，实际上万用表的两个表笔就是一根导线。在维修时可以把万用表拨到电流挡充当导线使用。这样非常方便，可以很直观地看出电路中的电流有多大，如果过大立即停止短接，防止烧毁线路。

（4）导线通断判断

在电路维修中，经常需要判断一段电路是不是导通的。这时候很多人会使用万用表的蜂鸣挡去测量，只要蜂鸣器响了就是好的。其实这样是错误的，因为在电路中有几十欧姆的电阻时蜂鸣器仍然可以响，而几十欧姆的电阻是不可以正常使用的，所以蜂鸣挡一般用于快速查找某个端子的对接端。例如要查找进气压力传感器的信号端子与电脑板插头的哪一个端子是通的，就可以使用万用表的蜂鸣挡，一端接在已知的进气压力传感器信号端子上，另一端挨个触碰电脑板插头各端子，触碰哪个端子时蜂鸣器响了，就说明这两个端子是一根导线，再用万用表的欧姆挡去测量这两个端子之间的电阻，一般正常的导线电阻都在 $0.5Ω$ 以内，如果过大应考虑线路是不是产生虚接了。

（5）插头接触不良的快速判断

在汽车电路维修中，经常会遇到插头接触不良的情况。这时候多数人会在怀疑有问题的地方塞铜丝来验证。其实这种方法不可取。正确的做法是使用推针工具把插头的母插退出来，然后再插到公插上。这时用手感觉一下是不是很紧。如果不是很紧，那么这个插头就是虚接的。那要换线束吗？当然不用，细心观察，你会发现母插上有一个弹片，只要使用探针轻轻压一下，再插进公插试试，会发现原来接触不良的插头变紧了，这样就可以快速地解决插头接触不良的问题。

第九章
汽车信号与示波器的调整

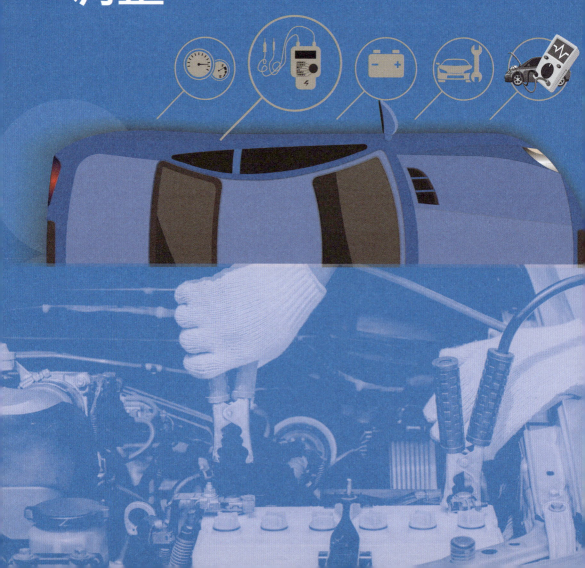

重点知识：
- 汽车常见信号
- 示波器及其调整方法

第一节　汽车常见信号

汽车各控制单元在控制各用电器工作时需要根据当前的物理量来确定怎么控制。例如在控制散热风扇是否运转时，需要根据发动机的温度来确定是否要开启电子扇，以及转速是多高，同时会根据空调系统的压力来确定是否要开启电子扇。控制单元必须要知道当前的发动机温度和空调系统的压力，然后根据电脑存储的温度曲线来计算出电子扇是否该启动了。

温度和压力是我们熟知的物理量，而控制单元却不认识这些物理量，因此需要把这些物理量转变为电信号提供给控制单元，否则控制单元无法识别出温度和压力等物理量。能把物理量转变为电信号的装置，称为传感器。

汽车上有很多传感器：转速传感器，把转速转变为电信号；挡位传感器，把挡位转变为电信号；进气压力传感器，把进气压力转变为电信号；进气流量传感器，把进气流量转变为电信号……

那么传感器到底把物理量变为了什么样的电信号呢？

（1）直流模拟信号

图9-1所示为发动机水温传感器，它是一个随温度变化进而内部阻值发生变化的传感器。通过电阻串联分压取出变化的电压，用这个变化的电压来代表当前的温度变化，这样就构成了一个简单的温度传感器。

这个传感器给出的是一个什么样的电信号呢？我们通过图9-2来认识一下。

图 9-1　发动机水温传感器

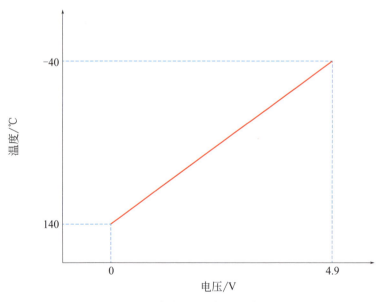

图 9-2　温度传感器给出的电信号

以 0V 代表 140℃，4.9V 代表 -40℃。电脑识别到传感器上的电压在 0～4.9V 之间变化，任意一个电压都有一个对应的温度。把这种信号称为直流模拟信号。其特点是信号电压是连续变化的。

这种以电压代表一个物理量的传感器特别多，例如空调压力传感器、进气压力传感器等，都是把物理量转变为电压信号。

（2）频率调制信号

首先认识一下什么是频率。某一根导线上的电压在 0V 和 5V 之间来回跳变，这种信号称为脉冲信号，如图 9-3 所示。我们看下几个专业术语：电压为 0V 时称为低电平；电压为 5V 时称为高电平（当然高电平不一定就是 5V）；一个高电平和一个低电平形成一个周期，在 1s 内有多少个周期，频率就是多少赫兹。假如 1s 内有 50 个周期，则频率为 50 赫兹，记为 50Hz。

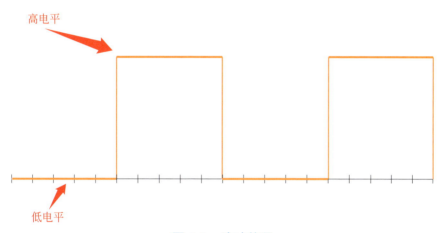

图 9-3　脉冲信号

在实际使用中，汽车有很多传感器是把物理量的变化转变为频率变化的电信号。例如，新款大众/奥迪的空气流量计就是把进气量的变化转变为频率变化的电信号，以当前的频率来代表进气量的多少，这种信号称为频率调制信号。

一般汽车用频率调制信号使用的都是标准的矩形波（图 9-3），它的低电平所用时间和高电平所用时间是一样的，且从低电平到高电平的变化是直接跳转的（这里把低电平到高电平的变化时间称为上升沿），从高电平到低电平的变化也是直接跳转的（把高电平到低电平的变化时间称为下降沿）。

（3）占空比信号

占空比信号是汽车在信号采集以及执行器控制上应用非常多的一种信号，占空比信号也称 PWM 信号。那么占空比信号到底是什么样的呢？

如图 9-4 所示，把第一个周期所用的时间称为 100%，那么高电平大约占整个周期的 33%，低电平大约占整个周期的 67%。把高电平所占时间称为占空比，即第一个周期的占空比是 33%；同样的第二个周期高电压占了整个周期的 67%，那么称第二个周期的占空比为 67%。

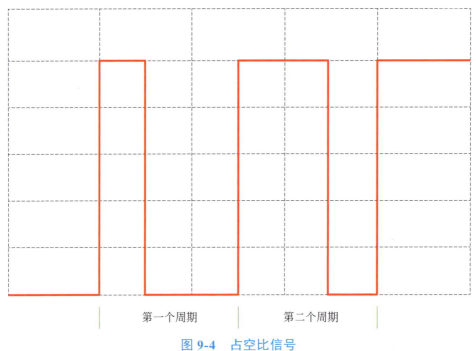

图 9-4　占空比信号

❶ 占空比信号在传感器上的应用。现在有的传感器采用输出占空比变化的信号来代表当前物理量的变化，例如新款的大众空调压力传感器，它就是输出一个占空比跟随空调系统压力变化的信号，电脑只要看信号的占空比变化，就知道当前的压力变化了。

❷ 占空比信号在执行器上的应用。现在汽车很多执行器使用占空

比信号来驱动，应用占空比信号来驱动执行器，其实质都是调整流过执行器的电流。那么占空比的调整是怎么做到调整电流的呢？

图 9-5 所示为一个简单的灯泡控制电路，电路中只要开关闭合，灯泡就亮，电路中就有电流流过。现在假设开关闭合 0.01s 后立即断开 0.09s，这样反复操作，闭合和断开就构成了一个周期。闭合就是高电位，断开就是低电位。那么高电位就占整个周期的 10%。这时候会发现灯泡非常的暗（因为我们的视觉有延迟，所以看不到灯泡闪烁），灯泡暗说明流过灯泡的电流减少了，这是因为在一个周期中只给了 10% 的时间供电，因此流过灯泡的电流只有全负荷的 10%。同样的道理，如果增加开关闭合的时间，减少断电时间，整个周期还是 0.1s，这时候会发现灯泡变亮了。

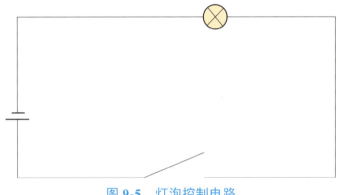

图 9-5　灯泡控制电路

通过改变占空比来改变流过用电器的电流，这种执行器驱动方式在很多地方都有应用，例如空调的鼓风机、水箱风扇及 VVT 电磁阀等。

（4）数字信号

在前面的信号中都是以电压、频率、占空比变化来实现信号的传递的，还有一种是以数字编码的形式来实现信号传递的方式。

在这里我们简单地了解一下数字电路。前面讲的频率信号是一个高电平和低电平变化的信号，如果规定高电平为数值 1，低电平为数值

0，识别一个数值的时间为 1ms，那么高低变化的脉冲电压就变成了数值信号，电路中跳变的高低电平就变成了数字 0 和 1。那么简单的 0 和 1 又有什么用呢？

现在我们这样：

水温传感器温度 50℃用编码 0001 0001 代表；

水温传感器温度 51℃用编码 0001 0010 代表；

水温传感器温度 52℃用编码 0001 0011 代表；

……

这样你会发现 0 和 1 的组合变得非常有意思了，我们可以通过改变规则实现用 0 和 1 的组合来代表任意一种物理量。

我们这里只是简单地了解下数字信号，这对后面学习总线非常有用。如果大家感兴趣，可以自行学习一下数字电路以及二进制、十进制与十六进制转换。

第二节 示波器及其调整方法

（1）示波器简介

示波器是一种可以精确捕捉线路中的信号变化，并以坐标图显示出来，这是万用表无法做到的。早期的示波器是模拟示波器，现在我们用的都是数字示波器。

图 9-6 所示为一个双通道的手持式数字示波器。双通道就是指可以同时测量两个信号。示波器在选择上根据其带宽和功能不同，价格差别还是很大的。对于汽车维修从业者来说，不需要太高端的示波器，一般带宽 20MHz 就足够用了，功能也不需要太多。

除了这种手持式数字示波器，还有一种虚拟示波器（参见图 8-6）。一般一个双通道的虚拟示波器价格也就在 300 左右的样子，它的缺点是需要使用电脑的显示器作为示波器的显示屏，但电脑的显示器大，所以看的波形是比较全的。

图 9-6　手持式数字示波器

（2）示波器的调整

使用示波器实际上分为两个阶段：第一个阶段是要学会调整示波器，让电路中的信号变化能准确地显示在示波器上；第二个阶段是要学习各种传感器的原理，知道它是怎么工作的，以及输出的信号是什么样的，这样捕捉到的波形才有意义，才能将当前捕捉的波形和实际传感器应该输出的波形进行对比，从而找到故障。

这里介绍一下如何让示波器准确地显示波形。

❶ 示波器接线。示波器的表笔与万用表不一样，它是一个通道一个表笔。一个表笔上面有一个夹子和一个钩子，夹子需要夹在参考地上。什么是参考地呢？例如你要测蓄电池电压，那么负极就是参考地。正极电压多少伏就是对这个参考地说的。同样的道理，测一个进气压力信号，那么这个进气压力信号的电压是指与信号负极之间的电压，所以参考地就接信号负极。

在表笔上面有"X10""X1"的标记，称为衰减。例如被测信号电压最高100V,选择"X10"后,示波器显示的电压要在"X10"来看,"X1"就是不衰减。

❷ 示波器界面认识。根据功能不同,示波器的界面也有很大区别。以汉泰的虚拟示波器来认识一下示波器的界面(图9-7～图9-10)。在图9-7中黑色的区域是波形显示区域。区域中横线代表时间,竖线代表电压。左边两个小箭头一个黄色的一个绿色的代表两个通道。你接哪一个通道哪一个小箭头后面就会显示波形。

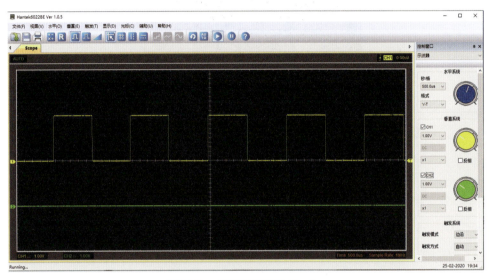

图9-7 示波器界面(一)

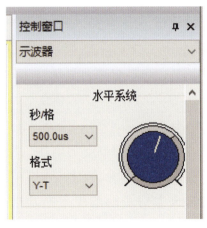

图9-8 示波器界面(二)
(用来调整秒/格的旋钮)

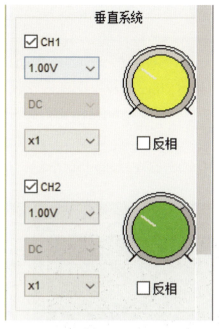

图 9-9　示波器界面（三）

（用来调整每个通道的每格多少伏）

图 9-10　示波器界面（四）

（用来自动调整波形显示）

除了常见的调整选择，还有一些示波器会有交直流信号切换，在使用时要根据被测信号来切换交直流输入方式。

❸ 秒/格的调整（图 9-11）。在讲解秒/格的调整之前我们先考虑一件事，如果让你拿一把尺子去量一个办公桌的高度，你会选择什么

样的尺子呢？100m 的尺子？还是 10cm 的尺子？或者是 2m 的尺子？当然根据常识，我们会选择最接近桌子高度的尺子。那么在秒/格调整这里也是一样的道理，如果被测信号的一个周期是 10μs。那么调整每一个格子的时间就应该在 10μs 左右，这样一个格子才能显示一个周期的波形。如果不这样调整，例如选择 1ms，那么 1ms 内有多少个周期呢？很显然一个周期是 10μs，那么 1ms 内就是 100 个周期。试问在一个格子内能显示 100 个周期吗？答案是否定的。

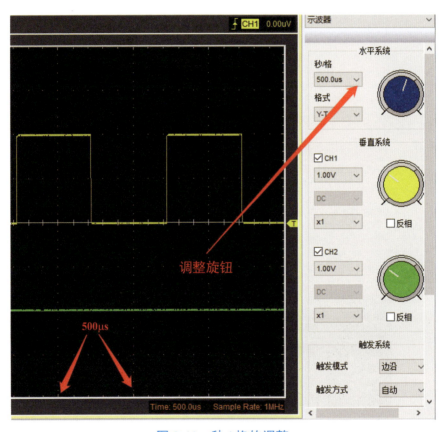

图 9-11　秒/格的调整

所以在调整秒/格时，如果事先知道被测信号的大致频率，就有选择地去调整秒/格。如果不知道被测信号的频率，那么接上信号源后观察示波器的波形是密还是稀。如果太密了，说明在一个格子里显示了很多周期，那么就要把时间调小；如果特别稀，甚至看不到一个完整的波形，则说明时间要往大调。

注意时间单位秒（s）、毫秒（ms）、微秒（μs）、纳秒（ns）的关系：

$$1s=1000ms$$
$$1ms=1000μs$$
$$1μs=1000ns$$

❹ 伏/格的调整。如同使用万用表测电压一样，如果使用 2V 的挡位去测量 12V 电压，结果肯定是测不出来。如果用 600V 挡位去测量 0.1V 的电压，估计不会显示。所以需要选择合适的挡位去测量。示波器的纵轴代表电压，如图 9-12 所示，把通道 1 的每格调整为 1V，那么以基准值 T 为 0V 往上依次数格子就是 1V、2V、3V。

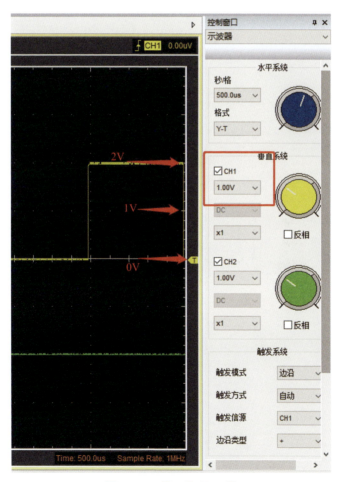

图 9-12　伏/格的调整

在调整示波器时,如果伏/格调整得过大,导致的结果是波形显示特别矮,不便于观察。如果伏/格调整得过小,导致的结果可能是一个显示屏还不够显示的。所以我们需要调整伏/格,使波形正确地显示在显示屏上。

通过上面的学习我们基本学会了如何使用示波器捕捉电路中的波形,这是我们使用示波器诊断故障的第一步。先学会调整波形使其正确地显示出来,再学习每个传感器的原理和信号类别,才能真正地学会如何使用示波器来诊断汽车的故障。

下篇
汽车电路诊断与维修

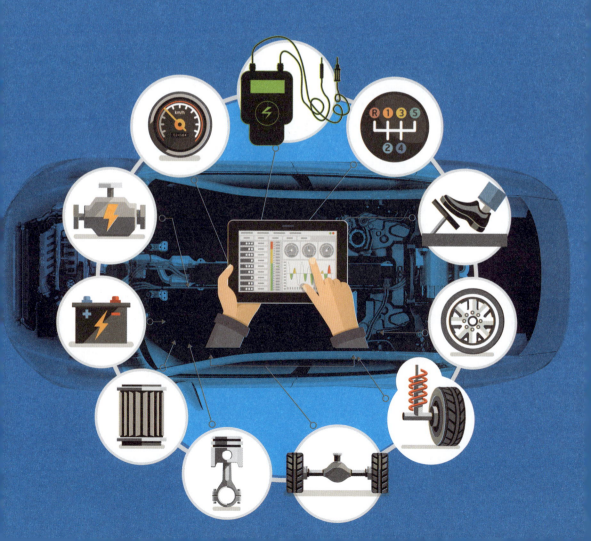

第十章
汽车中控电路

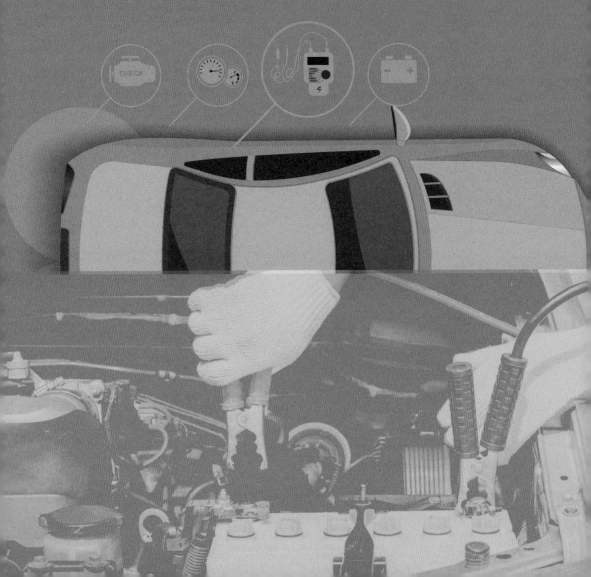

重点知识：
- 中控电路的几种结构形式
- 各种结构电路的检修方法

第一节　中控锁结构

中控锁是汽车的各个车门集中控制的一种系统。最基本的中控锁一定得有一个功能，就是在左前门上进行闭锁或者开锁操作，那么其他车门一定会跟着动作。这就是中控锁的基本作用。在后期的演化中，中控锁又进行了一系列优化，如配合远程控制锁车或者开锁以及在汽车行驶过程中所有车门自动进行闭锁等。

在中控锁控制系统中一般至少要有以下几个部件：安装在每一个门锁块上面的电机，控制门锁的动作；左前门上的电机位置传感器；一套控制电路和控制电机的继电器；安装在中控台上的按键。好一些的中控锁系统还会有一个模块，由模块来控制系统工作。

下面我们来看一下各种控制电路是如何控制的，以及出现故障该如何检修。

第二节　A 控制逻辑

A 控制逻辑电路如图 10-1 和图 10-2 所示。

（1）组成部件

❶ 闭锁继电器、开锁继电器。

❷ 各门控制电机及电机位置传感器。

❸ IPS 控制模块。

❹ 门锁控制开关。

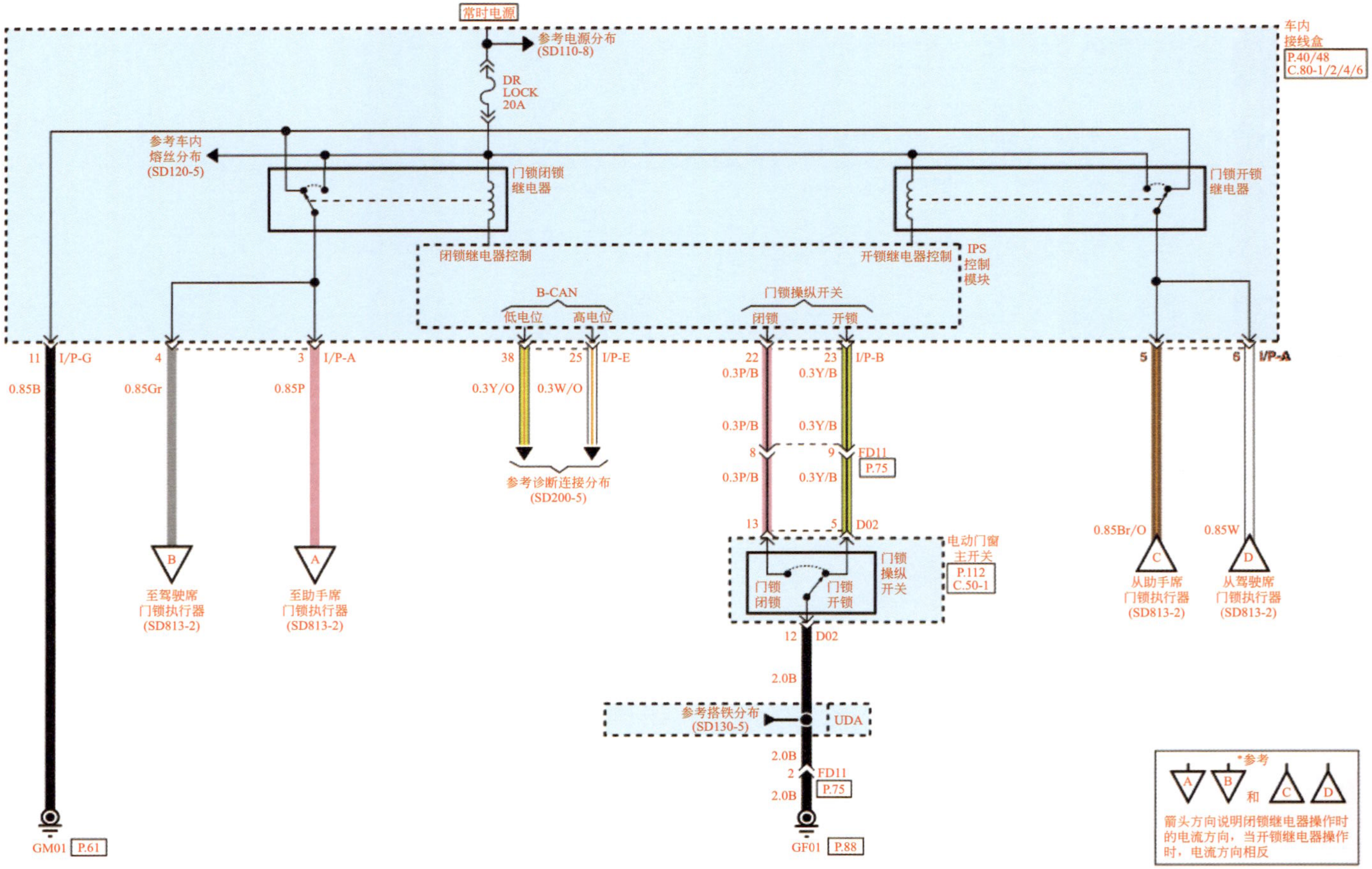

图 10-1　A 控制逻辑电路（一）

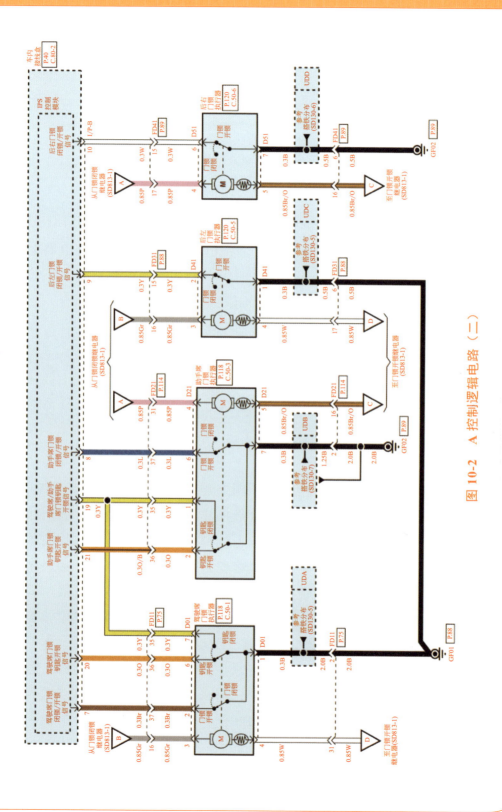

图10-2 A控制逻辑电路（二）

（2）系统功能

❶ 左前门动作，其他门跟随动作。

❷ 右前门动作，其他门跟随动作。

❸ 左前锁芯动作，门锁跟随动作。

❹ 门锁开关按下，门锁动作。

❺ 遥控器按下，门锁动作。

❻ 车速超过 20km/h 锁车。

（3）工作逻辑

所有车门的电机都是并联在一起的，电机两端都接在了继电器的常闭触点上，常闭触点一端常接地，所以电机两端始终是接地状态。其中任意一个继电器闭合，都会使常闭触点断开、常开触点闭合，而常开触点是正极，因此电机会动作。而继电器闭合只是短暂的，所以电机动作后立即停下，实现闭锁或者开锁动作。

继电器是由 IPS 控制模块控制的，IPS 控制模块在有的车型上称为车身电脑。IPS 控制模块接收开关控制信号、车速信号及门锁反馈信号，来控制继电器闭合。

（4）故障检修

❶ 所有门锁不动作。故障点较多，例如继电器损坏、电源熔丝开路、公共接地开路、所有电机损坏等。电机损坏的故障很少见。该如何快速判断故障点呢？通过电路图分析，先找到公共正极熔丝是比较简单的，所以第一步是检查熔丝了。那么熔丝是好的该怎么办呢？接下来需要找到控制继电器，然后使用试灯测试继电器常开触点的正极与公共负极是否正常。如果都是正常的，可以使用短接线来短接供电（拔下一个继电器，留一个继电器，短接常开触点）看下执行器是否动作。若不动作就需要检修执行器回路，按照直控式电路检修方法检修。若动作则整个执行器回路是没有问题的，那么故障点就很可能在继电器的控制电路上，继电器的控制是由 IPS 模块控制的，只要检查控制回路是否正常即可。若控制电路没有形成回路，故障点不一定是 IPS 模块损坏。这时需要使用解码器读取 IPS 的故障码和数据流，来分析中

控锁的开关以及反馈信号是否正常地被 IPS 模块接收到，如果没有接收到，则需要按照信号采集电路来检查控制信号线路是否有故障。

❷ 单一门锁不动作。若一个门中控锁不动作，这个故障很是好修的，只要拆开门饰板，根据电路图找到电机供电的两根线，使用功率试灯串入来验证下是否有电，若有电即电机坏了，若没有电即线路开路，然后再慢慢查找电路哪里开路了。

第三节　B 控制逻辑

B 控制逻辑电路如图 10-3 所示。

（1）组成部件

❶ 中央门锁装置（中控盒）。

❷ 前乘客侧门锁开关。

❸ 驾驶员侧门锁开关。

❹ 防盗控制单元（遥控接收盒）。

❺ 左前车门执行器。

❻ 右前车门执行器。

❼ 左后车门执行器。

❽ 右后车门执行器。

（2）系统功能

❶ 左前门锁开关按下，门锁动作。

❷ 右前门锁开关按下，门锁动作。

❸ 遥控器按下，门锁动作。

（3）工作逻辑

图 10-3 中可以看出这是一个逻辑控制电路，所有车门的电机都是并联状态，并联后接到中央门锁装置上，中央门锁内部集成了两个继电器，继电器的常闭触点是接地的，常开触点的一端接正极，所以只要控制盒控制继电器闭合，门锁就跟随动作一次。

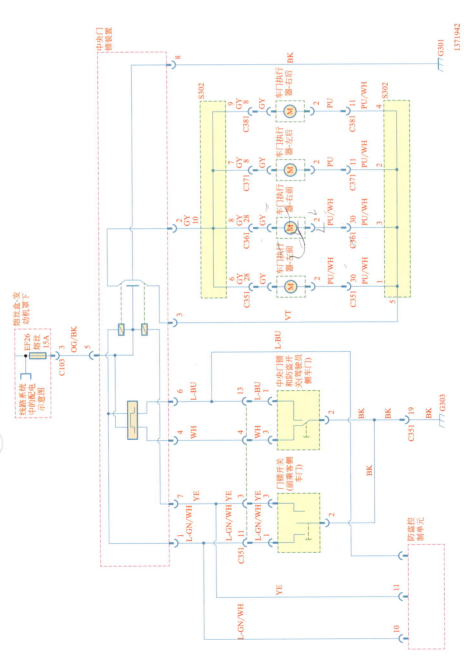

图10-3 B控制逻辑电路

中央门锁装置会接收左前和右前的开关按键信号，开关动作一次，中央门锁装置会控制继电器做出相应的动作。同时在左前门开关控制线上还并联了两根线，接到了遥控器接收盒上，其作用是遥控器接收盒如果接收到了遥控器发出的指令，就会通过这两根线发送一个闭锁或开锁信号给中央门锁装置，中央门锁装置会做出相应的动作。

（4）故障检修

❶ 所有门锁不动作。因为是逻辑控制电路，所以当整个系统不工作的时候，电源检查还是必要的。检查中央门锁装置的供电，即图10-3中的熔丝以及8号端子的接地。确保供电无问题后，下一步使用功率试灯串联在中央门锁控制盒的2号/3号端子。同时按开关看是否有输出，若有输出则门锁电机的线路有故障，这时需要查找门锁电机的线路。若没有输出，故障也许是中央门锁装置损坏或者信号采集出了问题。这时只要人为地给1号/7号端子或者4号/6号端子一个负极（模拟信号输入），再次观察是否有输出，即可判断出是模块损坏还是信号输入端坏了。

❷ 单一门锁不动作。若一个门中控锁不动作，这个故障与前面的维修方法一致。只要拆开门饰板，根据电路图找到电机供电的两根线，使用功率试灯串入来验证下是否有电，若有电即电机坏了，若没有电即线路开路，然后再慢慢查找电路哪里开路了。

❸ 遥控不动作。涉及的问题有以下几个。

a.遥控器故障。需要使用专业仪器测试,可参考有关遥控器的章节。

b.遥控器匹配问题。确认遥控器无故障，尝试重新匹配，具体参考有关遥控器的章节。

c.遥控器接收盒故障。确认遥控器无故障，遥控器匹配无问题，判断遥控器接收盒故障。

d.遥控器接收盒至中控盒之间线路故障。使用万用表检查遥控器接收盒至中央门锁装置之间的线路导通性。

第四节　C 控制逻辑

C 控制逻辑电路如图 10-4 ~ 图 10-7 所示。

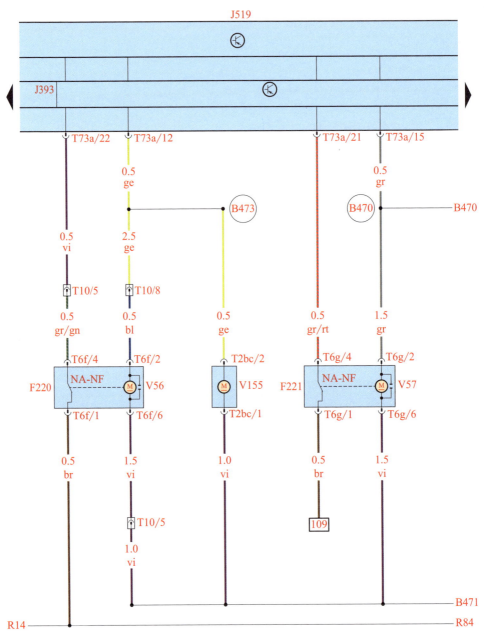

图 10-4　C 控制逻辑电路（一）

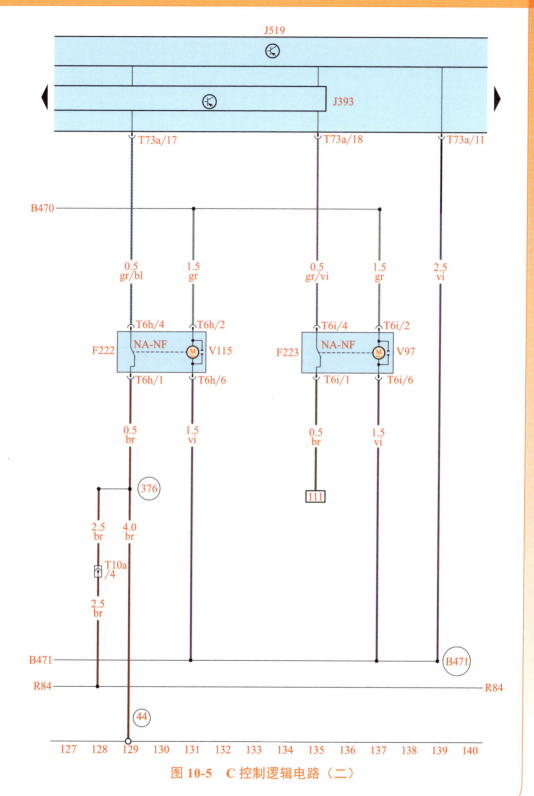

图 10-5 C 控制逻辑电路（二）

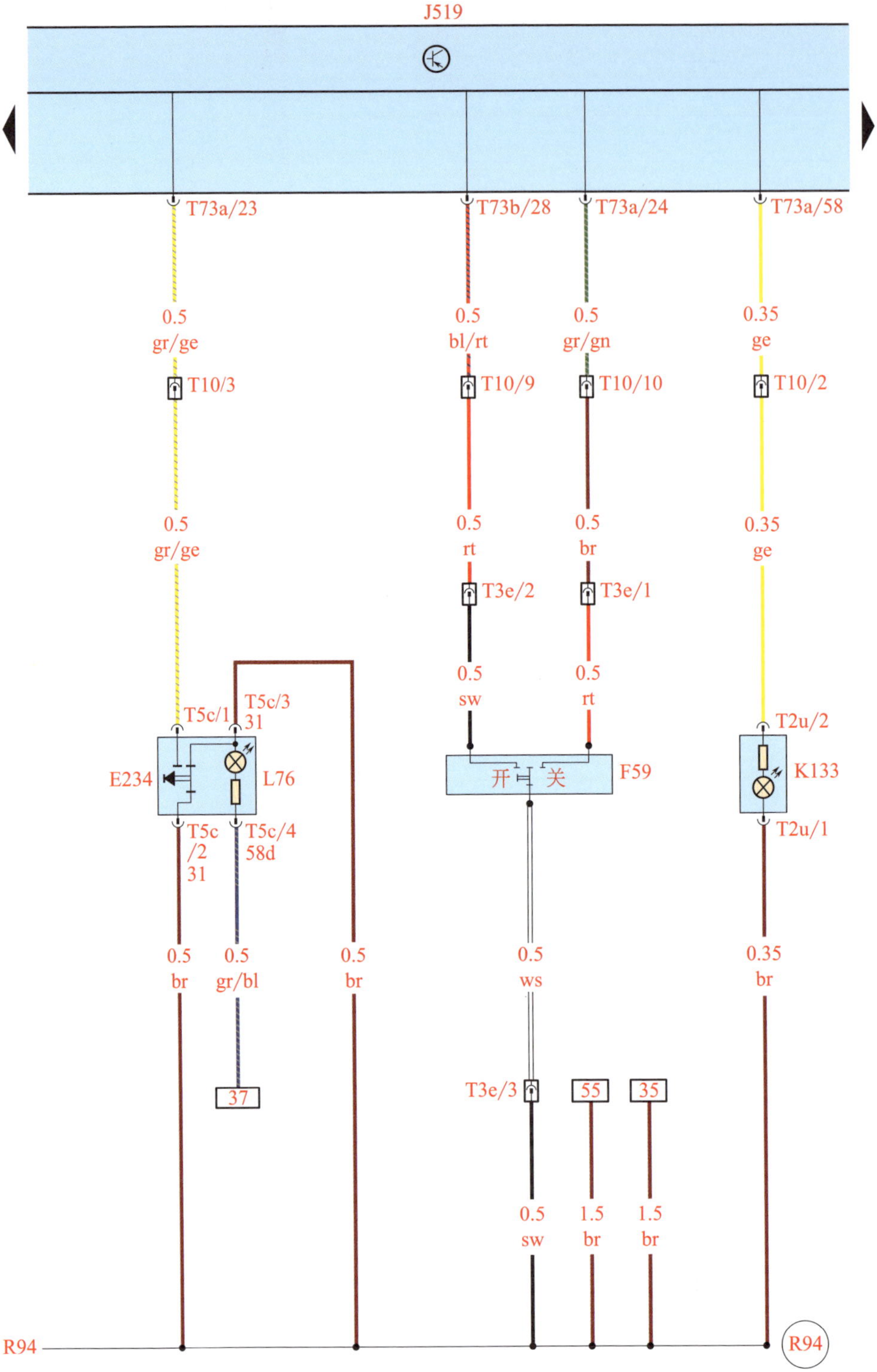

图 10-6　C 控制逻辑电路（三）

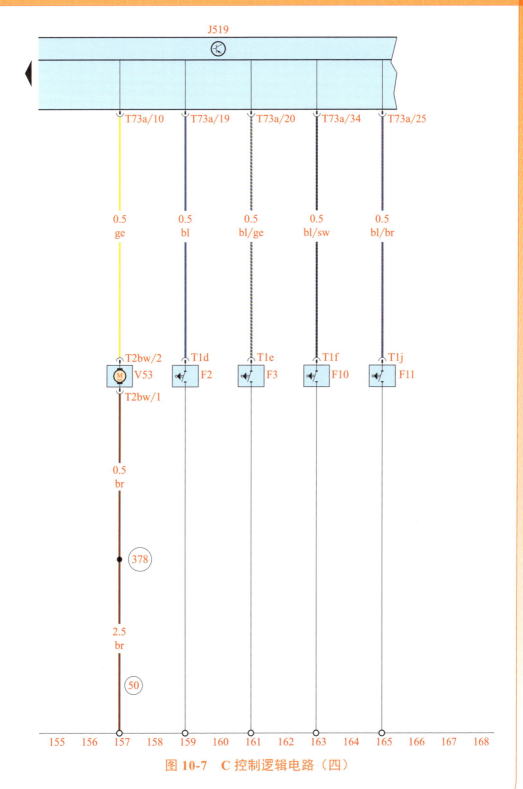

图 10-7 C 控制逻辑电路（四）

（1）组成部件

❶ J519 车身控制单元。

❷ F220/V56 驾驶员侧门锁总成。

❸ V155 油箱盖开启电机。

❹ F221/V57 前乘客侧门锁总成。

❺ F222/V115 左后门锁总成。

❻ F223/V97 右后门锁总成。

❼ E234/L76 后备厢开启按键总成。

❽ F59 驾驶员侧中控锁按键总成。

❾ K133 门锁照明灯。

❿ V53 后备厢开启电机。

⓫ F2/F3/F10/F11 无钥匙进入车辆四门把手按键。

（2）系统功能

❶ 驾驶员侧按键开锁/闭锁所有车门。

❷ 任一车门动作，四门跟随动作（可设置）。

❸ 遥控开启车门/后备厢。

❹ 车速达 20km/h 自动落锁（可设置）。

❺ 后备厢按键可开启后备厢。

❻ 无钥匙进入车辆可直接按车门按键开启车门。

（3）工作逻辑

这是目前汽车配备最多的控制逻辑，以车身电脑为核心控制模块，控制所有车门的动作（包含油箱盖以及后备厢的动作）。因为车身电脑的功能强大，所以这种控制逻辑的功能也比较智能化，甚至可以通过解码器更改车身电脑的配置方案来优化功能（刷隐藏）。从图 10-4 ~ 图 10-7 中可以看出，所有门锁电机都是直控式方案，且在每一个电机中都有一个位置反馈开关，用来反馈当前电机位置。

信号采集端主要是左前门上面的按键以及高配车型的门把手按键。后备厢的控制是采集后备厢的开关信号。

该控制逻辑是车身电脑采集外部开关信号以及电机的位置反馈信

号，根据内部程序设定来控制所有电机的动作。

（4）故障检修

❶ 所有门锁不动作。该控制逻辑比较智能，所以当遇到所有门锁不动作时，要把问题分成两部分去看。

a. 执行器控制端。此端故障很简单，因为所有电机都是直控式，所以在这里就不再赘述。

b. 输入信号端。输入信号不符合逻辑，这个问题要从信号输入端来解释。例如，左前门的按键按下后闭合，松开后立即释放，若电脑检测到开关一直是闭合的状态，就会判断出当前开关故障，便不去控制执行器动作。这一类故障在电脑内部一定会存储相应的故障码，只要读取故障码即可判断出来。

❷ 单一门锁不动作。所有门锁都是车身电脑直控式，而且都是由车身电脑统一控制的，所以故障有两种。

a. 门锁电机故障。

b. 门锁总成到车身电脑故障。

第五节　D 控制逻辑

D 控制逻辑如图 10-8 所示。

该控制逻辑一般应用在较高端车型中，它的特点是每一个车门上都有一个车门控制单元，且通过总线连接到车身网络上，从该网络上获取门锁动作信息。

（1）组成部件

❶ 车门控制单元。

❷ 门锁块总成。

❸ 必要的总线网络以及开关量输入元件。

（2）系统功能

❶ 驾驶员侧按键开锁 / 闭锁所有车门。

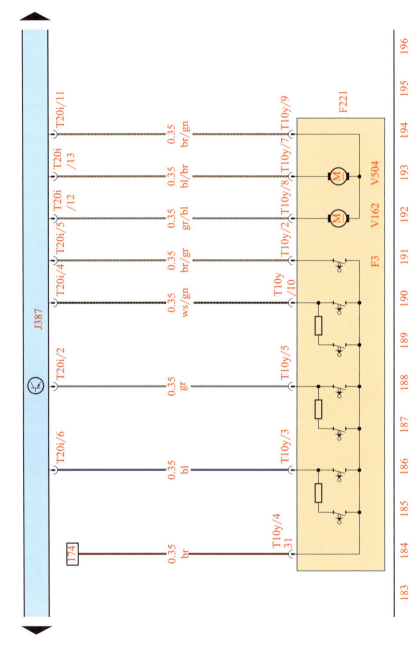

图 10-8　D 控制逻辑电路

❷ 任一车门动作，四门跟随动作（可设置）。
❸ 遥控开启车门/后备厢。
❹ 车速达 20km/h 自动落锁（可设置）。
❺ 后备厢按键可开启后备厢。
❻ 无钥匙进入车辆可直接按车门按键开启车门。
可以发现，这种控制逻辑的功能与车身电脑控制的基本无差异。

（3）工作逻辑

仅从某一车门上去看，它就是一个简单的逻辑控制电路，但是若纵观全局，它就是一个网络。在整个网络中，有所有车门控制单元以及网关，还有车身电脑，能采集按键信号的电脑也属于这个网络中，具体就要看车型的网络设计了。

（4）故障检修

❶ 所有门锁不动作。该控制系统涉及部件广，参与工作的部件非常多。如果出现所有车门都不能动作的情况，可以把问题归为两大类。

a. 网络故障。这个故障指车身网络故障，如果车身网络瘫痪，那么所有车门控制单元就无法接收到中控锁的动作信号，因此无法动作。检修方法参考总线部分。

b. 输入信号不符合设计逻辑。这个问题要从信号输入端来解释。例如，左前门的按键按下后闭合，松开后立即释放，若电脑检测到开关一直是闭合的状态，就会判断出当前开关故障，便不去控制执行器动作。这一类故障在电脑内部一定会存储相应的故障码，只要读取故障码即可判断出来。

❷ 单一门锁不动作。故障点如下。

a. 故障车门控制单元与车身网络断开。检修方法参考总线部分。

b. 故障车门电源故障。排查电源故障。

c. 门锁电机故障。

d. 门锁电机到车门控制单元线路故障。检修线路故障。

延伸学习：

　　在最后一个控制逻辑中，我们发现门锁电机有两个，一个为正常的闭锁/开锁电机，还有一个为锁止电机。锁止电机的作用是在锁车后，无法通过手动解锁门锁。很多车在锁车后可以通过拉门锁立柱或者拉两下门锁来解锁车门，锁止电机锁下后，就无法进行这样的操作了。

　　因此在锁止电机损坏后，就会出现一个很麻烦的问题，车门里外都无法打开，且无法手动解锁。

第十一章
汽车遥控器

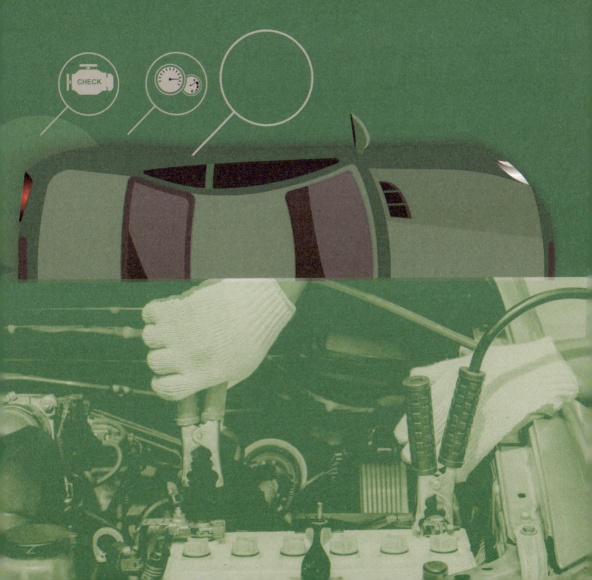

> **重点知识:**
> - 遥控器的分类与VVDI生成设备
> - 遥控器生成方法
> - 遥控器匹配方法

第一节 遥控器的分类与VVDI生成设备

汽车遥控器(汽车钥匙)使用无线电传输信号的方法,实现远程闭锁和开锁功能。有的汽车还会衍生出遥控开启后备厢、遥控启动发动机等功能。

汽车遥控器系统由安装在汽车钥匙内的无线电发射装置与安装在汽车上的遥控器接收装置组成。遥控器接收装置有的是单独一个遥控器接收模块,有的是与车身电脑做在一起的。

汽车遥控器失效或者丢失,都需要重新添加一把遥控器。而原厂的遥控器价格昂贵且很难找到货源,所以在汽车后市场,一般都选用替代产品,例如秃鹰公司的VVDI系列汽车遥控器。

(1) 遥控器的分类

根据原车钥匙结构不同,可以将汽车钥匙分成以下三大类。

❶ 普通汽车钥匙。如图11-1所示,这种汽车钥匙的特点是防盗射频芯片与遥控器电路板是分开的。

❷ 电子汽车钥匙。如图11-2所示,这种汽车钥匙的特点是射频芯片与遥控器电路板是一体的。

❸ 智能汽车钥匙。如图11-3所示,这种汽车钥匙里面集成了低频无线电信号以及高频无线电信号。

(2) VVDI生成设备

在将这些遥控器匹配到车上的时候,还需要借助可以生成各种车型遥控器的设备,例如VVDI云雀、VVDI手持机、VVDI2等,这里介绍一下 VVDI 云雀的使用方法。

图 11-1　普通汽车钥匙

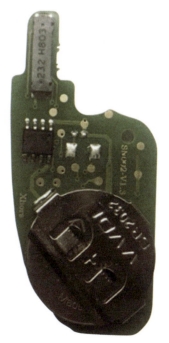

图 11-2　电子汽车钥匙

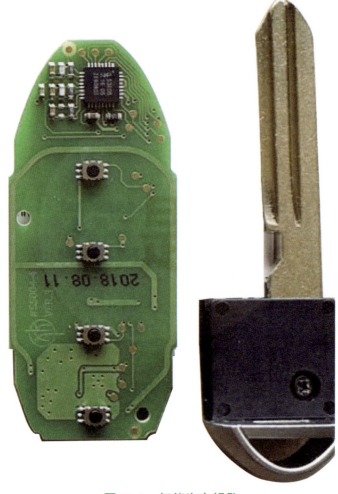

图 11-3　智能汽车钥匙

图 11-4 所示为 VVDI 云雀，这个设备需要使用手机下载 APP，然后使用手机的蓝牙连接至设备上才可以操作。该设备具有以下功能。

❶ APP 中内置几乎所有车型的遥控器数据库，且支持在线更新，需要生成哪一种车型的遥控器，就选择该车型的数据直接写入子机中，然后就可以上车匹配使用了。

❷ APP 中内置几乎所有车型的遥控器甚至防盗系统的匹配流程，只要按照说明即可轻松匹配。

❸ 设备可检测遥控器的发射信号，这样有助于判断遥控器是否有

故障。

❹ 设备支持射频芯片的读取。

图 11-4　VVDI 云雀

第二节　遥控器生成方法

这里将遥控器称为子机。

（1）普通子机

普通子机也就是不带芯片的钥匙，这类遥控器需要将子机分解了，且要拆除电池，然后使用云雀自带的烧录线按照图 11-5～图 11-8 所示的方法，把子机与云雀连接起来，然后在手机 APP 上操作。

（2）电子子机

在生成过程中需要将子机安装好电池，不需要连接烧录线，直接把子机放到云雀的识别孔中就可以生成。APP使用方法一致。

（3）智能子机

智能子机生成方法与电子子机生成方法一致。

图11-5　普通遥控器的生成方法（一）

图 11-6　普通遥控器的生成方法（二）

图 11-7 普通遥控器的生成方法（三）

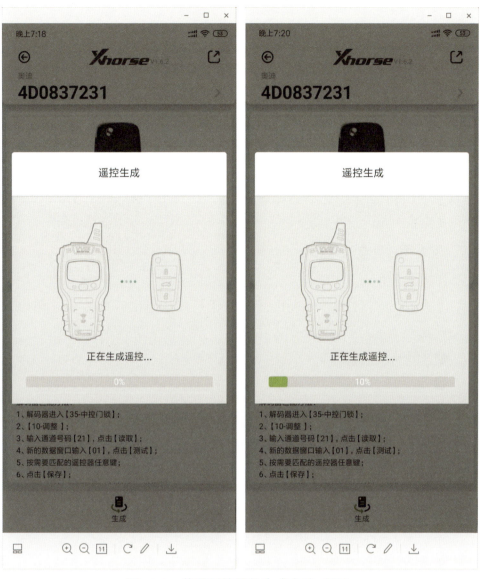

图 11-8　普通遥控器的生成方法（四）

第三节　遥控器匹配方法

遥控器的匹配方法有两种：一种是使用设备进行匹配；另一种是手动匹配。

（1）设备匹配

这里说的设备指的就是我们经常使用的解码器。现在有很多解码器专门针对防盗匹配，目前市面主流的有808、N51等。

进行设备匹配时，只要找到该车型，按照设备提示操作即可匹配好。还有的车型是使用电子芯片的钥匙，这部分车型有的是不需要单独匹配遥控器的，只要匹配好射频芯片就可以了，当然有的车型在匹配好射频芯片后遥控器还需要做一个简单的同步，设备上会有提示。例如，标致408使用的就是电子芯片的钥匙，在匹配好射频芯片后，需要打开点火开关，长按遥控器上的任意一个按键10s来完成同步操作。

（2）手动匹配

手动匹配的车型以国产车型居多，在操作时一定要注意动作连贯，每一步操作间隔时间不可过长，否则容易自动退出匹配模式。例如，老款的比亚迪F3遥控器匹配方法就是手动匹配，其匹配流程如下。

❶ 打开后备厢盖。

❷ 打开任一车门。

❸ 插入点火钥匙。

在本步骤完成7s内执行下一步骤，否则将退出对码模式，如想继续则需全部重新开始。

❹ 点火钥匙开关两次。

本步骤起始状态：点火钥匙位于OFF挡。

第一步：将点火钥匙由OFF挡打到ON挡。

第二步：将点火钥匙由ON挡打到ACC挡。

第三步：将点火钥匙由ACC挡打到ON挡。

本步骤完成状态：点火钥匙位于ON挡。

在本步骤完成7s内执行下一步骤，否则将退出对码模式，如想继续则需全部重新开始。

❺ 车门关开一次。

对打开的车门完成如下动作。

本步骤起始状态：车门打开。

第一步：关闭车门。

第二步：打开车门。

本步骤完成状态：车门打开。

在本步骤完成 7s 内执行下一步骤，否则将退出对码模式，如想继续则需全部重新开始。

❻ 火钥匙关开一次。

本步骤起始状态：点火钥匙位于 ON 挡。

第一步：将点火钥匙由 ON 挡打到 ACC 挡。

第二步：将点火钥匙由 ACC 挡打到 ON 挡。

本步骤完成状态：点火钥匙位于 ON 挡。

此时报警喇叭响一声，表示进入对码模式。马上按下遥控器红色键（PANIC）两次。报警喇叭响两声表示对码成功，遥控器可以使用了。

❼ 如果喇叭响四声说明操作失败，重新开始。

第十二章
汽车一键启动原理与检修

重点知识：
- 一键启动各部件
- 一键启动工作原理
- 实战案例

第一节　一键启动各部件

（1）智能钥匙

智能钥匙（图 12-1）又称智能卡，外观上与普通遥控器无多大区别。只不过其机械钥匙看不到了，因为智能钥匙无需使用机械钥匙开门或者启动车辆，所以机械钥匙都是隐藏式的，具体每个车型各不相同。

图 12-1　智能钥匙

智能钥匙是内部有一套无线电发射(高频信号)和接收(低频信号)装置，高频信号的作用是通过无线电发射自身的密钥数据。

(2) 低频天线

低频天线(图12-2)在汽车上具有多个，具体根据汽车的配置而定。其作用是发射无线电，发射半径为1.5m，若在这周围有智能钥匙，就可以接收到。其安装位置一般在可以无钥匙进入的车门把手上以及车内，还有后备厢处。

图12-2　低频天线

(3) 门把手总成

门把手总成(图12-3)安装在车门上，不同于普通的门把手，无钥匙进入的车门把手内部会安装两个部件，一个是低频天线，另一个是微动开关。微动开关也有可能设计成触摸开关，但无论开关设计成哪样，它的作用只有一个，就是识别是否有人企图开门。若有就把这个企图开门的信号传递给无钥匙进入模块进行处理。

图 12-3　门把手总成

（4）启动按键

一键启动的车辆与传统车辆最大的区别在于启动方式，之所以称为一键启动，就是因为无钥匙进入的车辆舍弃了机械式点火开关，改用按键来打开点火开关以及启动车辆。

一键启动的车辆是通过类似于图 12-4 所示的启动按键把驾驶员的

图 12-4　启动按键

启动意图传递给车载计算机（车身电脑或者无钥匙进入电脑），然后由车载计算机来执行操作。

> **知识链接**
>
> ❶ 直接将钥匙插入点火。这种启动方式确切地说不属于无钥匙启动，行业内将这种钥匙称为半智能钥匙，这种配置的车型进入车内是需要按遥控器的，启动车辆也是需要插入钥匙的，并且防盗验证的流程也和普通机械钥匙的验证流程无差异，仅仅是点火开关的形式升级了。在使用时也会发现，钥匙插入点火开关后也有几个挡位，这就是模拟了机械钥匙的结构。
>
> ❷ 旋钮式启动。这种方法属于无钥匙进入的一种，只有合法的钥匙在车内这个旋钮才可以旋动。旋钮旋动后就模拟了机械钥匙打开点火开关的步骤。

（5）高频天线

高频天线（图 12-5）一辆车只有一个，用来接收遥控器发出的无线电信号，一般安装在车顶位置。

（6）无钥匙进入控制单元

无钥匙进入控制单元（图 12-6）是整个无钥匙系统的核心部件，在大众、奥迪车型中称为舒适电脑，在很多国产车型与合资车型中称为 PEPS 控制单元，也有直接称为无钥匙进入模块的，可以安装在车内的任意位置。它的作用是接收各个传感器以及按键的信号，来确实目前驾驶员意图，再通过高频天线反馈回来的钥匙合法性来确定是否要完成驾驶员的意图，并进行相应控制。

（7）电子转向柱锁

电子转向柱锁（图 12-7）也称 ELV，一般安装在转向管柱上面。它的作用是在汽车锁车后锁住转向柱，当汽车解锁后释放转向柱，以此来模拟机械式方向盘锁。ELV 是无钥匙进入系统中故障率最高的一个部件。

图 12-5　高频天线

图 12-6　无钥匙进入控制单元

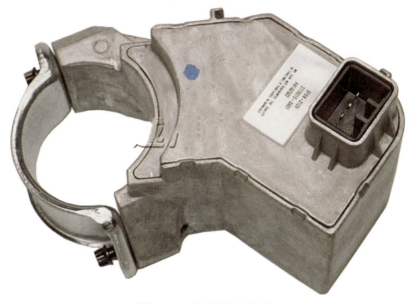

图 12-7　电子转向柱锁

第二节　一键启动工作原理

（1）无钥匙进入车内过程

下面以比亚迪 s6 的无钥匙进入系统（图 12-8）来讲解无钥匙进入车内的过程（其他车型基本流程一样）。

当车辆的钥匙在我们身上时，用手按下门把手上的微动开关，微动开关闭合后，keyECU 就能识别到有人企图打开车门。此时 keyECU 就会通过安装在车上的磁卡探测天线（低频天线），发出寻找钥匙的无线电信号。如果此时智能钥匙刚好在磁卡探测天线的有效作用范围内，就可以接收到这个信号。智能钥匙接收到低频信号后会立即通过高频信号将存储在内部的密钥信息发送出去。此时安装在车内的高频接收器（高频天线）接收到钥匙发出的密钥信号，并传递给 keyECU，keyECU 分析出该钥匙是否合法，如果合法即通过舒适总线把开启车门的请求信号传递给 BCM。BCM 由舒适总线唤醒后，开始执行来自 keyECU 的开门请求，此时车门闭锁器动作。

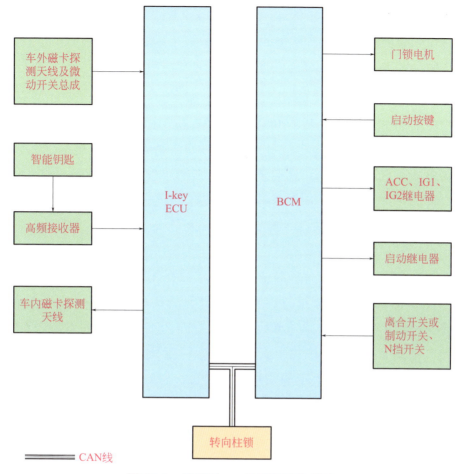

图 12-8 比亚迪 s6 无钥匙进入系统

（2）无钥匙启动车辆过程

无钥匙启动发动机的过程与开门过程基本一致。当按下启动按键时，这个请求打开点火开关的信号被送入 BCM，BCM 通过舒适总线把请求打开点火开关的信号发送至 keyECU，keyECU 开始通过低频天线发送寻找钥匙的信号，若钥匙在车内并接收到低频信号，就会通过高频信号发送自己内部存储的密钥信息，并由高频天线负责接收后送入 keyECU，由 keyECU 分析钥匙信息，若钥匙合法，则通过舒适总线请求 ELV 打开转向柱锁，ELV 若成功打开转向柱锁，就会通过 CAN 或其他形式的信号传递给 BCM。BCM 接收到了 ELV 打开成功以及

keyECU 发送的钥匙合法信号后,开始闭合 IG1、IG2、ACC 等继电器,此时仪表盘点亮。如果此时满足了点火的请求(踩刹车、挡位在 P/N 挡),那么就会控制启动电机继电器闭合来启动发动机。

(3)应急启动

在前面的学习中,我们知道无钥匙进入/启动系统都离不开智能钥匙在电量充足时发送密钥信息来完成。如果智能钥匙没电了,那么就无法启动车辆,所以无钥匙启动的车辆必须要设计应急启动系统。

首先是应急开门,应急开门使用的是隐藏在钥匙内部的机械钥匙,通过左前门上面的钥匙孔(有的需要取下装饰盖才能看到钥匙孔)来打开车门。

打开车门后,启动车辆时需要把钥匙放在车内的应急启动感应区,应急启动感应区一般会设计在排挡杆边上的茶杯架下方,或者手刹后面的扶手箱内部,以及副驾驶侧的手套箱内,还有的就是启动按键处。例如,奥迪 C7 在收音机边上有个钥匙标,宝马的在转向管柱上面有个钥匙标。这需要查阅汽车的使用手册。

在应急启动位置内部都有一个线圈,用来识别钥匙内部的密钥信息(使用 RF 读取方式)。

第三节　检修案例

一辆 2014 年款福特翼博进店维修,故障现象是遥控器功能失效,遥控闭锁/解锁以及无钥匙进入一键启动都不能使用,必须使应急钥匙才能启动车辆。读取故障码,如图 12-9 所示。

根据故障码显示,BCM 和仪表 IPC 都报与车辆防盗控制器失去通信,查阅维修手册和电路图可知无钥匙系统原理如下。

❶ 按下启动开关,被动钥匙靠近室内探测天线。

❷ 探测天线向被动钥匙发送一个钥匙 ID 识别信息(低频信号)。

❸ 被动钥匙接收到探测天线发出的钥匙 ID 识别请求信号,同时会发送一个 ID 信息高频信号给 RFR 遥控接收器(高频信号接收器)。

❹ RFR 收到钥匙 ID 信息会通过 K 线传给 KVM。

❺ KVM 识别钥匙信息，通过 CAN 网络向 PCM 发送一个请求信号，KVM 和 PCM 进行对比车辆钥匙信息认证，验证通过才能启动车辆。

图 12-9　读取故障码

无钥匙进入系统,当被动钥匙靠近室外探测天线同时按下车门把手按钮,探测天线会向被动钥匙发送一个钥匙ID识别信息,被动钥匙回复一个高频钥匙ID信息给RFR遥控接收器,RFR通过K线向KVM发送一个钥匙信息,KVM通过中速CAN向BCM发送一个钥匙ID信息,对比过后,由BCM向各个车门发送执行开锁/闭锁的命令。

根据维修手册可知,IPC是网关和仪表集成在一起的,于是检查了KVM无钥匙进入模块的电源和搭铁,发现KVM无钥匙进入模块5个插头有3个插头进水导致氧化(图12-10),处理线束和插头,装车后故障依旧。

图12-10　插头进水导致氧化

用诊断仪读取故障码，BCM 和 IPC 都没有报与防盗控制器失去通信了，只剩下其他故障，如图 12-11 所示。

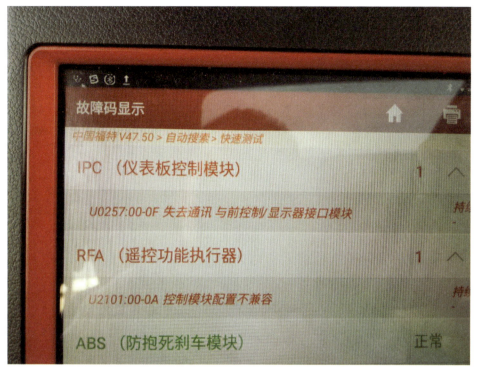

图 12-11　再次读取故障码

根据故障码含义及无钥匙进入电路原理（图 12-12），检查了 RFR（被动钥匙高频信号接收器）。发现不知什么原因造成的插头氧化使搭铁异常，经检查没发现有漏水的迹象，电源和 K 线也进行了检查，都没有发现问题，又再次检查了室内探测天线和 KVM 无钥匙进入模块的高速 CAN 和中速 CAN 电阻、电压和波形，RFR 到 KVM 之间的 K 线，都是正常。更换了 KVM，匹配 KVM 试车，故障排除。

总结

维修无钥匙进入系统的车辆，首先要知道无钥匙进入的控制原理和维修思路，才能更好地排查故障。

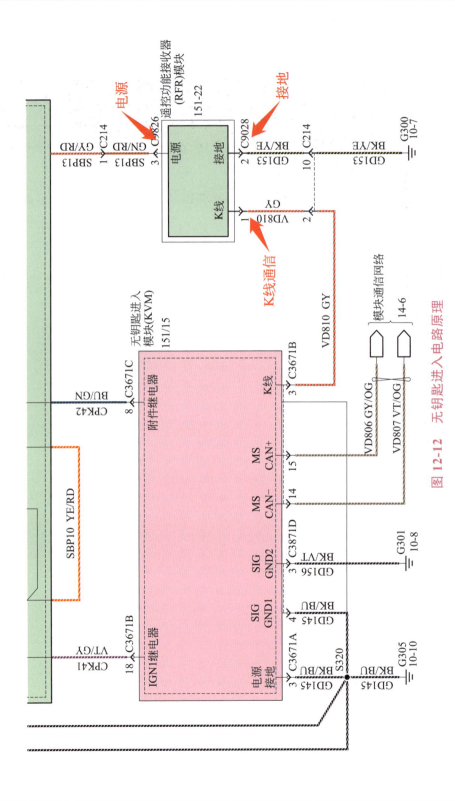

图 12-12 无钥匙进入电路原理

第十三章
汽车开关电路

> **重点知识：**
>
> ◁ 开关在汽车电路中的连接
> ◁ 汽车电脑采集开关信号

第一节　开关在汽车电路中的连接

开关在汽车电路中的应用是必不可少的，任何一个完整的电路都离不开开关。开关在电路中的使用也分多种情况，不同的开关使用方法对应的检修方法也不相同。下面介绍一下开关在电路中常见的使用方法。

（1）开关直接控制负载或继电器

如图 13-1 所示，在直控式电路中开关直接控制着负载的电流，在二次电路中开关直接控制着继电器线圈的小电流。这两种开关的检查方法很简单，不再赘述。

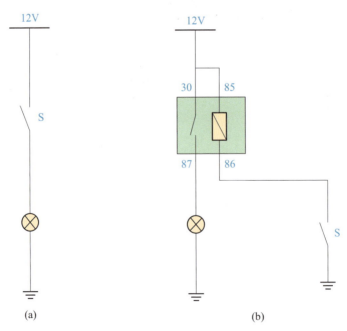

图 13-1　开关直接控制负载或继电器

（2）开关给电至模块

如图 13-2 所示，开关闭合后把电送入模块，由模块来判断执行器是否工作。这种控制方式的弊端是开关在没有闭合时，电脑检测端是高阻态（既不是正极也不是负极），这样就极易受到干扰。因此在实际电路中很少使用这种控制方法。

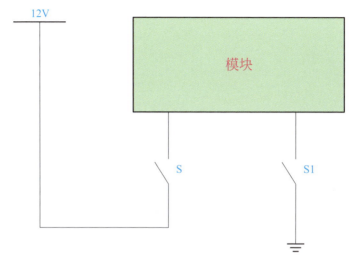

图 13-2　开关给电至模块

第二节　汽车电脑采集开关信号

在查阅电路图时，经常能看到图 13-3 中类似的开关结构，其特殊性在于电脑内部有电阻。那么这种开关到底是怎么工作的？我们带着疑问往下看。

图 13-4 所示的开关结构应用非常广泛。现在来介绍一下电脑是如何识别开关状态的。由电路的结构可以看出，开关的 1 号端子通过一个上拉电阻接在高电位上，开关的 2 号端子直接与负极连接。电脑在上拉电阻的下方检测电压，来判断开关的状态。开关断开时，信号端电压被拉至高电位；开关闭合时，信号端电压被拉至低电位。电脑通过信号端的高、低电位来判断开关是断开的还是闭合的。高电位可能是 12V，也有可能是 5V，这就要看厂家怎么设计了，但是低电位一定是 0V。

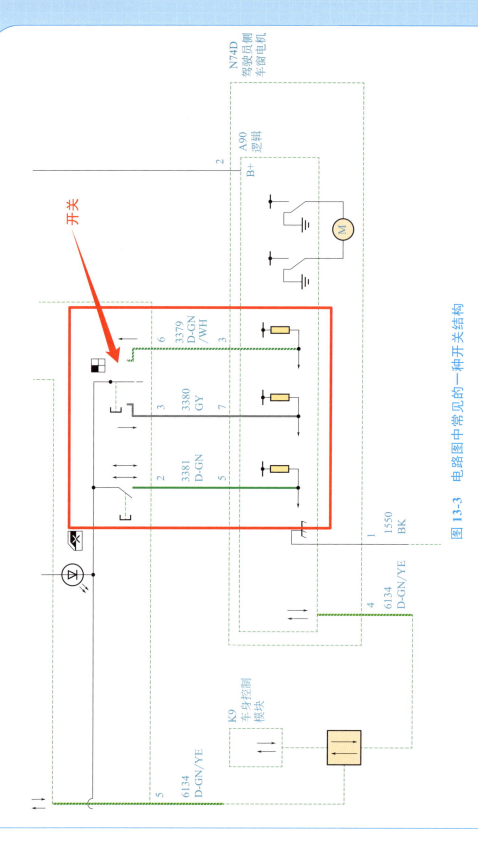

图 13-3 电路图中常见的一种开关结构

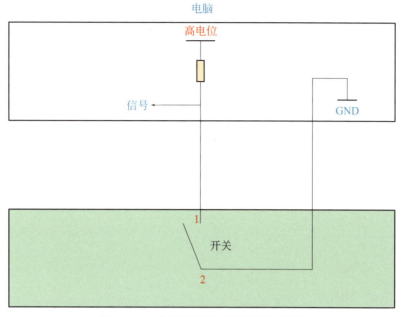

图 13-4 电脑识别开关状态的原理

图 13-5 与图 13-4 区别不大，其原理基本一样。这也是很多汽车电路中开关的实际结构。可以看到，图 13-5 中有三个开关，每个开关各引出一根信号线，开关的负极采用的是公共搭铁。

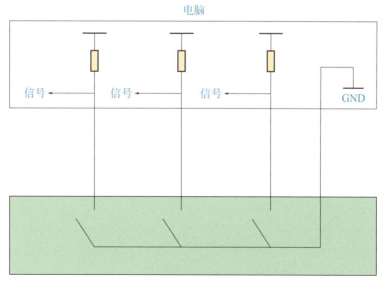

图 13-5 汽车电路中开关的实际结构

如图 13-6 所示，一个开关总成两根线，可以采集多个开关状态。这种结构在很多车窗开关中都有应用。可以看出，开关 S1、S2、S3 是并联结构，由于开关的机械机构关系，三个开关不可能出现同时闭合的情况，只可能有一个开关闭合。仔细观察开关内部的结构，会发现 S2 和 S3 下面都串联着一个电阻，接到负极，这两个电阻的阻值是不一样的。假设上拉电阻的阻值为 1kΩ，S2 下面的电阻为 0.5kΩ，S3 下面的电阻为 1kΩ，高电位为 12V，则根据电阻串联分压原理得出：S1 闭合时，信号电压为 0V；S2 闭合时，信号电压为 4V；S3 闭合时，信号电压为 6V。

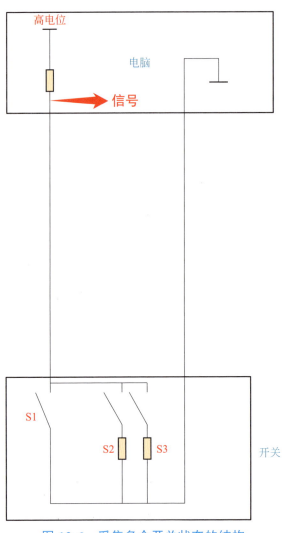

图 13-6　采集多个开关状态的结构

这时电脑根据信号电压的不同，判断出哪一个开关闭合了，一根线实现了三个开关的信号传递。实际上一根线不仅可以实现三个开关信号的传递，如果再并联两个开关也是可以的。

下面来讨论一下如何检修这种开关。

图13-7所示为科鲁兹大灯控制开关电路原理。该车灯的远、近光开启使用的是前照灯开关，远、近光切换使用转向信号/多功能开关控制。前照灯开关上面有三个挡位，分别是示宽灯、自动大灯、前大灯。BCM根据前照灯开关判断大灯是否需要开启，如果识别到大灯开启的信号，就会点亮前大灯，至于是远光还是近光，则根据转向信号/多功能开关判断。如果是在AUTO挡位，则根据环境光照度传感器来判断是否需要开启大灯。

大灯无法开启，也有可能是执行器（灯泡控制端）故障，这里不讨论执行器，仅讨论如何检修开关。

根据前面讲解的知识，可以知道开关信号送入了BCM。使用解码器可以读到当前开关的状态，如果开关状态与实际不一致，则需要使用万用表来检查开关的导线。

如果前照灯开关没有动作，那么开关上面的3、5、4三个端子应该全是高电位，若任意一个开关闭合，则该端子的电压就从高电位变成低电位。根据这个原理去检查开关上面的电压，即可判断出故障点。

若所有导线都没有高电位，则需要检查开关到BCM之间的导线是否开路。

若开关闭合都没有低电位，则需要检查开关的公共接地端。

若有一个开关闭合没有低电位，则需要检查开关。

图13-8所示为大众车窗控制开关电路原理。开关共有三条线：2号端子是公共负极；1号端子是开关的照明灯，由J387控制；4号端子是开关的信号采集端，由J387采集。若J387不能正确识别到开关的动作，则使用万用表来测量4号端子对负极的电压。如果开关没有问题，那么按下开关的四个挡位（升、一键升、降、一键降），万用表可以测出四个不同的电位。

若始终是高电位，则检查开关的负极线，负极线完好则开关坏。

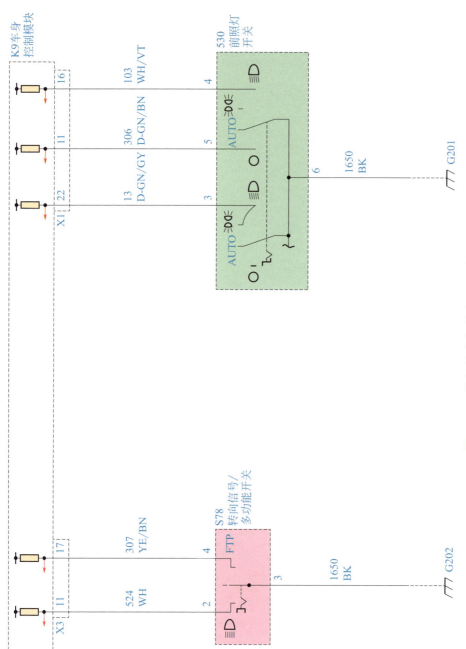

图 13-7 科鲁兹大灯控制开关电路原理

若始终是低电位，则检查开关到 J387 之间的导线，若导线完好的检查 J387 的电源，若电源也是好的则 J387 损坏。

若只有一个或者两个挡位电压变化，直接更换开关。

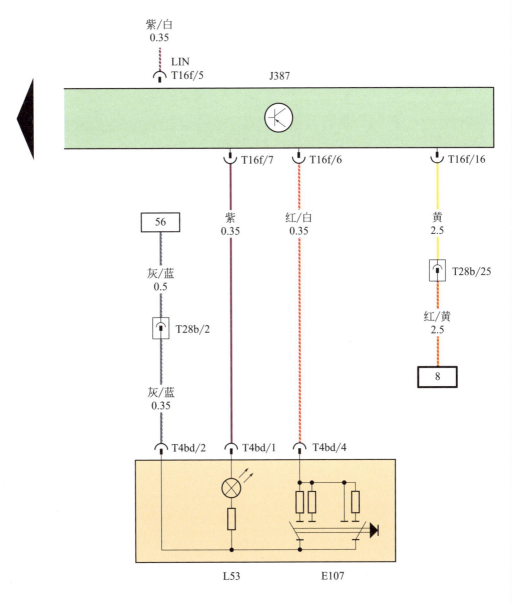

图 13-8　大众车窗控制开关电路原理

第十四章

汽车玻璃升降器控制逻辑

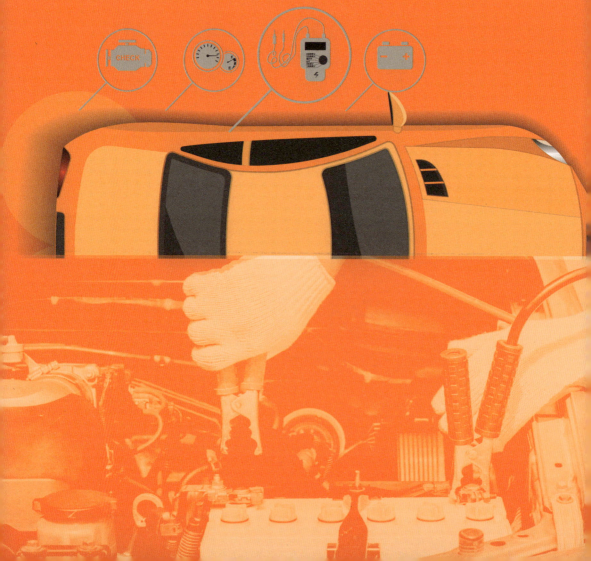

重点知识：
- 汽车玻璃升降器的控制逻辑

第一节　车窗基本控制逻辑

图 14-1 所示为两个开关控制一个电机正反转的电路原理，在开关都没有动作时，S1、S2 的常闭触点都接在负极，此时电机 M 两端都是负极。

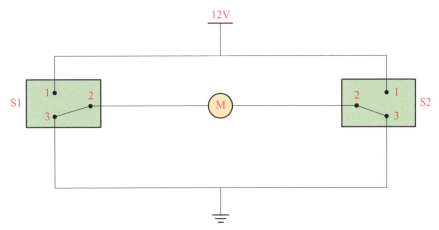

图 14-1　两个开关控制一个电机正反转的电路原理

若开关 S1 闭合（1、2 触点闭合），电流走向是 12V→开关 S1 触点 1→开关 S1 触点 2→电机→开关 S2 触点 2→开关 S2 触点 3→接地。此时电机左边是正极，右边是负极，电机正转。

若开关 S2 闭合（1、2 触点闭合），电流走向是 12V→开关 S2 触点 1→开关 S2 触点 2→电机→开关 S1 触点 2→开关 S1 触点 3→接地。此时电机左边是负极，右边是正极，电机反转。

根据这个原理，可以使用两个开关来实现电机的正反转。在汽车电路中，控制玻璃升降器电机的正、反转，便可以实现对玻璃升降器动作的控制。

第二节　A 控制逻辑

A 控制逻辑如图 14-2 所示。

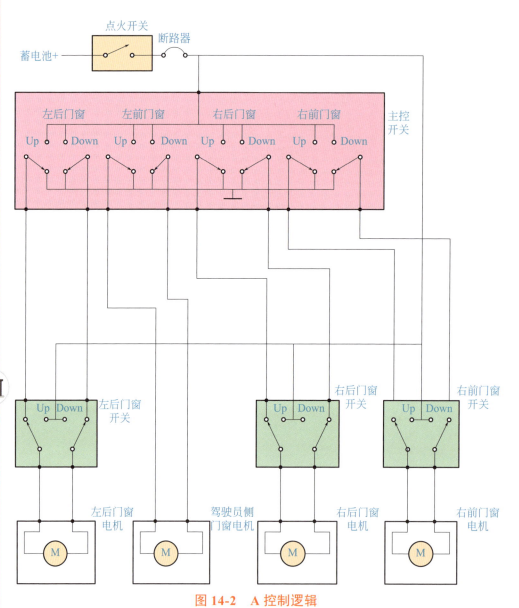

图 14-2　A 控制逻辑

（1）驾驶员侧门窗电机控制电流走向

上升：

蓄电池→点火开关→断路器→左前门窗主控开关 Up 挡→驾驶员侧门窗电机→左前门窗主控开关 Down 常闭触点→负极

下降：

蓄电池→点火开关→断路器→左前门窗主控开关 Down 挡→驾驶员侧门窗电机→左前门窗主控开关 Up 常闭触点→负极

（2）左后门窗电机控制电流走向

上升：

蓄电池→点火开关→断路器→左后门窗主控开关 Up 挡→左后门窗开关 Up 常闭触点→左后门窗电机→左后门窗开关 Down 常闭触点→左后门窗主控开关 Down 常闭触点→负极

下降：

蓄电池→点火开关→断路器→左后门窗主控开关 Down 挡→左后门窗开关 Down 常闭触点→左后门窗电机→左后门窗开关 Up 常闭触点→左后门窗主控开关 Up 常闭触点→负极

其他门窗电机电流走向与左后门窗电机电流走向一致。从电流走向可以看出，这种控制逻辑属于简单的直控式电路，开关在电路中完成常闭触点与常开触点之间的切换，常闭触点接地，常开触点接正极。开关的切换就接通了电机的电流通路，Up、Down 触点的交替闭合，就改变了电机的电流走向，从而改变了电机的转向。

第三节　B 控制逻辑

B 控制逻辑如图 14-3 所示。

这种控制逻辑在很多国产车型中都有应用。如图 14-3 所示，左后门窗与右后门窗除了驾驶员侧门窗开关能够控制，在该车门上的开关也能控制。现在分析右后门窗电路。电机是由右后门窗开关控制的，可以看出开关中有两个继电器，电机的正、反转是由这两个继电器控制的（原理可以参考第 10 章相关内容）。

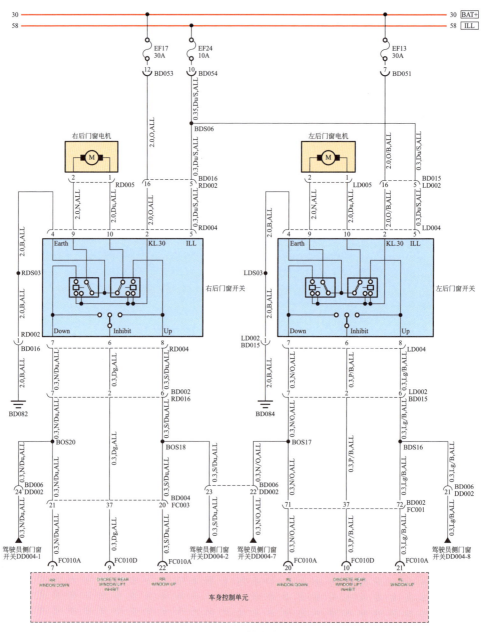

图 14-3　B 控制逻辑

只要控制继电器的控制脚，便可以控制电机的正、反转。右后门窗开关有两个触点，任意一个触点闭合，就可以控制继电器的动作。

若从驾驶员侧门窗开关控制右后门窗，有两种配置，一种是带有 BCM 的车型，另一种是不带 BCM 的车型。

对于带有 BCM 的车型，BCM 采集驾驶员侧门窗开关的控制信号，然后通过控制右后门窗开关的 7 号 /8 号端子搭铁来控制右后门窗开关内部的继电器动作，来实现右后门窗电机的控制。

对于不带 BCM 的车型，在右后门窗开关的 7 号 /8 号端子直接接入驾驶员侧门窗开关，直接由驾驶员侧门窗开关控制右后门窗开关内部的继电器动作，以完成对电机的控制。

如果右后门窗开关不能控制电机动作，且驾驶员侧开关也不能控制右后门窗电机动作，应对照电路图先使用功率试灯替代电机来判断电机是否有故障。再检查开关的 2 号端子正极电源是否正常，4 号端子负极接地是否正常，若都正常，那么再按下驾驶员侧门窗开关的同时，检查 7 号 /8 号端子是否有负极（可使用 5W 小功率试灯测试），若有则开关损坏，若没有则需要检查 BCM 是否接收到了驾驶员侧门窗开关的信号。

如果仅仅是右后门窗开关不能控制电机动作，则检查开关的 6 号端子是否是负极，此负极是 BCM 给的，其目的是在驾驶员侧车门锁止键按下后不提供负极，以实现锁止目的。如果没有负极，则需要检查开关的 6 号端子到 BCM 的 9 号端子的导线是否开路。若导线完好，则需要检查 BCM。如果是所有门窗都不能动作，则检修驾驶员侧车门锁止信号是否有故障。

第十五章 汽车喇叭电路

> **重点知识：**
> - 喇叭发声原理
> - 喇叭控制电路与检修方法

第一节　喇叭发声原理

在学习任何一个电路的工作原理与检修之前必须要知道这个电路最终的作用是什么，例如喇叭电路的作用是在路上遇到行人或者紧急情况下发声，以示提醒。知道了这个电路的作用，那么还需要掌握一些元件的工作原理，这样才能更好地掌握其控制原理。喇叭的工作原理如图15-1所示。

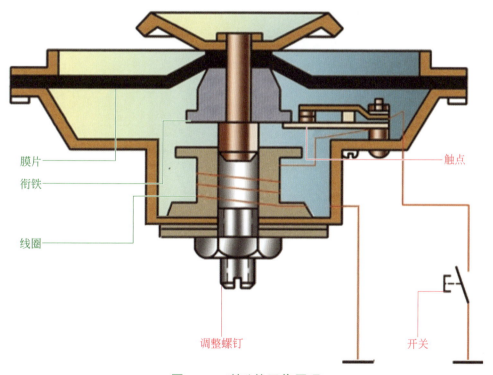

图15-1　喇叭的工作原理

开关与触点闭合后,线圈产生磁场,吸引衔铁下移,衔铁下移的过程中会带动膜片和触点同时下移。这时线圈断电,衔铁因膜片的张力又恢复原状,触点再次接触,膜片随着衔铁的上下移动而振动,发生声音。调整螺钉可以调整线圈与衔铁之间的间隙,亦即调整了振动的频率,从而影响了喇叭发声的音色。

第二节 喇叭控制电路与检修方法

了解了喇叭的发声原理后,就知道了要想让喇叭响,只要给它一个正、负极就可以了。喇叭有了正、负极后,还要有控制开关。那么开关到底控制正极还是负极呢?这个问题每个工程师的想法就不一样了,我们看一下最简单的控制电路。

通过前面的学习,可以看出图15-2所示的是一个直控式电路,电流

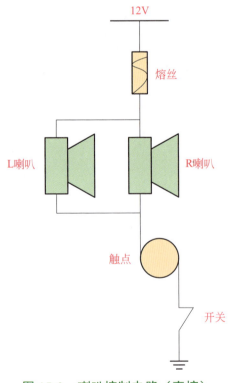

图15-2 喇叭控制电路(直控)

走向为12V→熔丝→喇叭（R、L并联）→方向盘下面的触点→喇叭开关→接地。这里喇叭的一端是常正极不受控，负极受控。如果出现喇叭不响，那么故障点有两个：喇叭坏了；电路开路。对于两种故障，只要一个试灯就可以测量出来。把试灯接在喇叭的两端，按喇叭，如果试灯亮，即代表电路没有开路，那么就是喇叭坏了，如果试灯不亮，那么电路肯定是开路的。检测电路开路时需要先确定是缺常正极还是缺受控端，这里用试灯即可判断出来。

除了这种简单的控制电路，目前汽车上广泛应用的是图15-3所示的这种。不难看出是这一个二次控制电路。喇叭工作的大电流回路是12V→熔丝→继电器触点→喇叭（R、L并联）→接地，这里喇叭是负

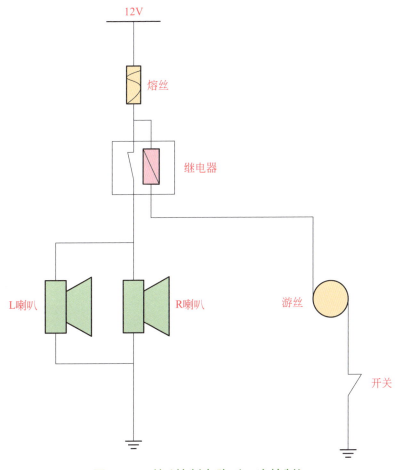

图15-3 喇叭控制电路（二次控制）

极常接地，正极受控，受控于继电器。那么继电器要想工作，就需要形成小电流回路，即12V→熔丝→继电器线圈→游丝→喇叭开关→接地。这里继电器的线圈是常正极，负极受控，受控于喇叭开关。在检修这个电路时需要将两个回路分开检测，大电流回路按照前面的直控方案检测，注意喇叭继电器是电子控制的，可以直接短接验证大电流回路是否有故障以及喇叭是否有故障。小电流回路也按照前面讲解的方法检测。

目前汽车的电路集成度高，很多车身电路是由车身电脑控制的，所以还有一种喇叭电路是逻辑控制的（图15-4）。喇叭执行电路没有多大变化，依旧是二次控制电路，但是继电器的受控端改由车身电脑控制。在不同的车型中这个执行电路不一定都一样，有的喇叭继电器是安装在

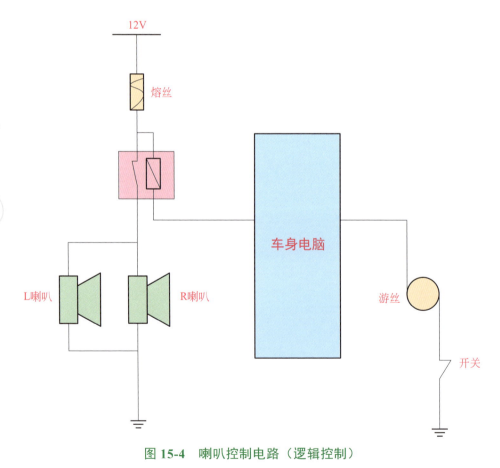

图15-4　喇叭控制电路（逻辑控制）

车身电脑内部的，那么外面看起来喇叭就好像是直控式电路。所以执行器的电路参照前面的直控式电路或者二次控制电路检修。

到此我们通过学习喇叭的原理和喇叭的控制电路，把喇叭的控制电路大致分成了三种，并讲解了每种电路的控制方法以及检修方案。按照这种方法学习汽车电路维修是最快的，希望大家能举一反三。

第十六章
汽车总线通信基本原理与CAN-BUS物理结构

重点知识：
- 总线通信基本原理
- CAN-BUS 物理结构

第一节　总线通信基本原理

（1）模拟信号与数字信号

在前面的学习中我们已经知道了水温传感器是通过电压信号的变化来模拟温度的变化，这种传感器输出的信号称为模拟信号。模拟信号就是利用频率/占空比/电压等来模拟物理量的一个变化。

那么什么是数字信号呢？前面的学习中我们讲过把高电平理解为数字1，低电平理解为数字0，以1ms时间内的一个电平为有效值，这样，一个高、低电平的变化就可以得出一组数字编码，把这个数字编码称为二进制数。利用这种数字编码来传递的信号就是数字信号了。

如图16-1所示，红色波形代表一个数字信号，如果以ms为单位，那么就可以得出一个编码 0110 1000 1101 1001。

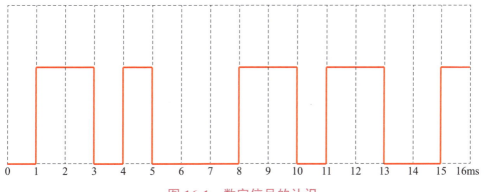

图16-1　数字信号的认识

如果以0.5ms为单位去看,则编码为0011 1100 1100 0000 1111 0011 1100 0011。

不难发现,时间单位越小,那么得出的数字编码就会越多,能传递的信息也就越多,也就是我们所说的网速越快。

(2) 通信协议与通信方式

首先大家要清楚一件事,就是通信一定是两个模块或者多个模块之间的事情。如果你看到一个开关具备通信能力,那么这个开关已经不是普通的开关了,它里面已经是模块结构了。如果想使两个模块之间传递信息,就要先制定一些规则。那么,制定什么样的规矩呢?

第一,两个模块之间要传递哪些信息?例如,温度、转速、压力等。

第二,每一种信息如何编码?例如,水温32℃时编码为0011,这是两个模块之间预先约定好的。

第三,到底多长时间识别一个数字?例如0.1ms识别一个数字,那么发送信息的模块要遵循这个规则,按0.1ms时间间隔发送数字,这样第二个模块才能正确识别出来。

第四,每一个模块在发送信息时自己叫什么名字?这就类似于发送信息的模块是写信者,接收信息的模块是收信者,它们在信息交换时,都有自己的名字,这就是我们所说的网络ID。

第五,几个模块都要发信息,到底谁先发?几个模块同时发消息到底谁先发,这个在开始时就约定好了等级,大家根据自己的等级发送信息,好比每一个模块发送信息时都会先自我介绍一下(ID),如果遇到另外一个ID等级比自己高的要发送信息,那么等级低的就自动退出。

前面我们讨论这么多,实际上就是我们常说的通信协议。当然,协议的内容肯定不止这些,这里只是简单地让大家知道协议是什么。这些协议规定好后,当然要给它命名了,这就出现了我们常见的CAN总线、VAN总线、LIN总线等。

那么规定好了协议后，数据该怎么传递呢？有两种方式可以把数据传递过去，一种是并行数据通信，另一种是串行数据通信。所有的数据都是8位8位地进行传递的。

图16-2所示为并行数据通信。A模块需要把0010 1100传递到B模块去，那么可以在它们之间连接8条数据线，每条数据线传递一个数字，这样可以快速地传递一个8位数据。这种通信方式的优点是通信速度快，缺点是需要的数据线太多。所以这种通信方式现在基本不用了，仅在硬件内部使用，如电脑的CPU与内存之间，这就是我们常说的8位、16位、32位、64位、128位。

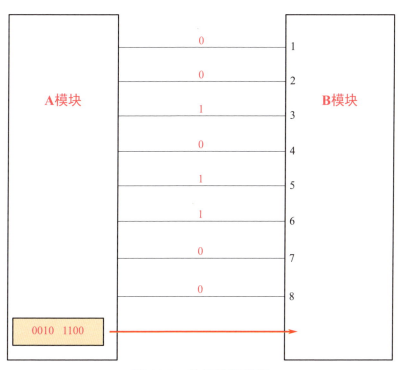

图16-2　并行数据通信

图16-3所示为串行数据通信，在两个模块之间连接一条数据线，数字排好队，逐个传递过去。这种通信方式是目前数据通信中应用最广泛的，不仅汽车的各种总线使用串行通信方式，我们熟悉的USB接口也使用串行通信方式。

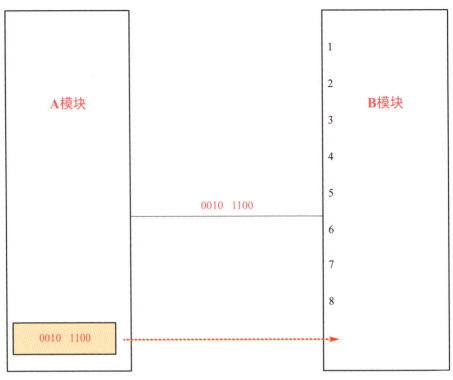

图 16-3 串行数据通信

有人可能会问，按你这么说，串行数据通信一根线就够了啊，那为什么汽车的 CAN 总线还用两根线呢？这是因为通信速度太快了，用两根线来相互验证，防止数据丢失。

第二节　CAN-BUS 物理结构

如图 16-4 所示，CAN 总线是两个以上模块构成的汽车网络，每一个模块既可以接收信息，也可以发送信息，每个模块中都有一个 CAN 收发器用来与外界通信，一个 CAN 网络里会安装两个终端电阻（一般只有高速 CAN 网络才会有终端电阻）。总线使用双绞线来进行通信，一个为 CAN-L（低速 CAN），一个为 CAN-H（高速 CAN），如图 16-5 所示。

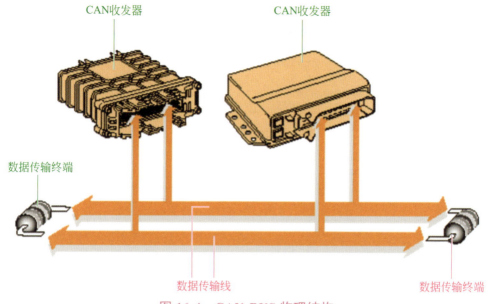

图 16-4　CAN-BUS 物理结构

图 16-5　CAN-L 与 CAN-H 总线

高速 CAN 和低速 CAN 见表 16-1。

表 16-1 高速 CAN 与低速 CAN

高速 CAN （无法通过一条导线传输数据）	低速 CAN （可通过一条导线传输数据）
驱动 CAN 仪表 CAN 扩展 CAN 诊断 CAN（诊断接口）	舒适 CAN 信息娱乐 CAN

注：有的车型舒适 CAN 是高速 CAN。

（1）星型网络

总线拓扑图表达了各个模块之间的连接关系。什么是星型网络拓扑图呢？如图 16-6 所示，每一个需要联网的模块都会连接两根 CAN 总线，把所有的 CAN 总线全部铰接在一起就构成了一个星型网络拓扑图。这个铰接点称为网络结点。

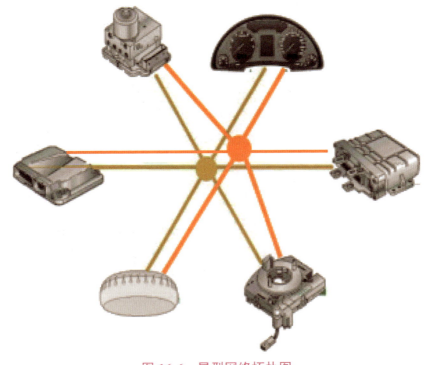

图 16-6 星型网络拓扑图

在星型网络中,铰接点可能是直接将线束连到一起的,如图16-7所示。这种方法在很多低端车型中经常应用,当然,也有可能单独将铰接点引出。

图 16-7　直接将线束连到一起的铰接点

还有一种是很多高端车型采用到的,它是把一个系统的总线(驱动CAN/舒适CAN)全部集中到一个插头上,如图16-8所示,用短接插头就可以完成所有模块的连接。这样做的目的是便于维修,如果哪一条支路出现问题了,例如短路等,可以拔掉插头,快速地对每一个控制单元的总线进行测量。

除了以上这种形式外,还有很多车型把总线做到一个插头上,然后插到一个小盒子上,盒子里面就是短接线(图16-9)。有的车型还可能会把终端电阻做到盒子里,如图16-10所示。

图 16-8　插头形式的铰接点

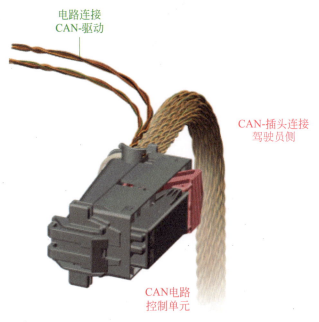

电路连接
CAN-驱动

CAN-插头连接
驾驶员侧

CAN电路
控制单元

图 16-9　将总线插头插到短接线盒上的铰接方式

图 16-10 将终端电阻与短接线做到一起

（2）串联网络

串联网络在美系车中经常遇到。串联网络是指把所有模块依次串联起来，如图 16-11 所示。这样做的优点是省掉了网络结点；缺点是如果串联网络中任意模块出现开路等故障，整个网络就瘫痪了。

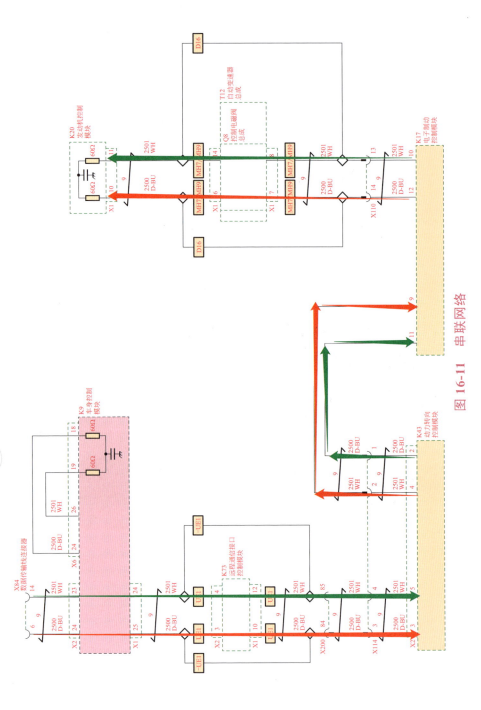

图 16-11 串联网络

第十七章
CAN 总线基本原理

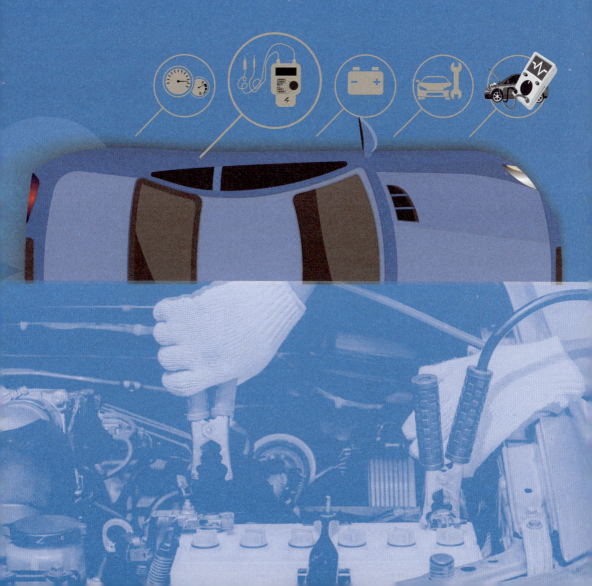

> 重点知识：
> - CAN 总线波形认识
> - CAN 总线数据测量

第一节　CAN 总线波形认识

如图 17-1 所示，大众驱动 CAN 波形是两个相互镜像的矩形波，在没有数据传输时，总线上的电压都是 2.5V。

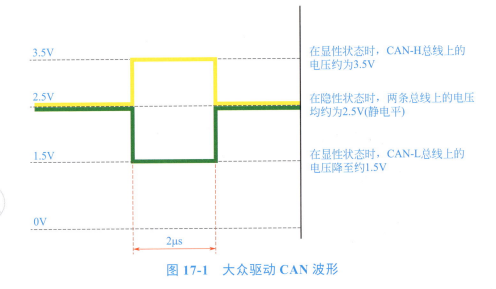

图 17-1　大众驱动 CAN 波形

CAN-H 总线上表达数字 1 是 2.5V，表达数字 0 是 3.5V。
CAN-L 总线上表达数字 1 是 2.5V，表达数字 0 是 1.5V。
在 CAN 总线上把表达数字 1 的状态称为隐性，表达数字 0 的状态称为显性。因此：CAN-H 总线的显性电压为 3.5V，隐性电压为 2.5V；CAN-L 总线的显性电压为 1.5V，隐性电压为 2.5V。
从图 17-2 中可以看出，大众舒适 CAN 波形与驱动 CAN 波形存在明显的区别。它们的显性电压与隐性电压完全不同。

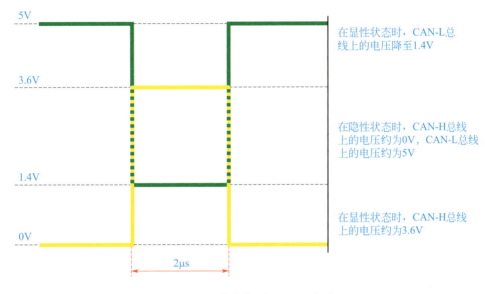

图 17-2　大众舒适 CAN 波形

CAN-H 总线上表达数字 0 是 3.6V，表达数字 1 是 0V。

CAN-L 总线上表达数字 0 是 1.4V，表达数字 1 是 5V。

我们也可以说：CAN-H 总线的显性电压是 3.6V，隐性电压是 0V；CAN-L 总线的显性电压 1.4V，隐性电压为 5V。

以上两种是 CAN 总线典型的波形，其他车型的 CAN 总线会有不同的称谓。例如，雷诺、标志车型将高速 CAN 总线称为 CAN，低速 CAN 总线是在 CAN 总线的基础上开发的 VAN 总线，其原理与结构与 CAN 总线类似，传输数据的波形也基本一致；通用车型将高速 CAN 总线称为 GM LAN，名称不同，协议当然也与 CAN 有些区别，但是其基本的结构以及波形还是相似的。

第二节　CAN 总线数据测量

（1）电压测量

❶ 驱动 CAN 总线。高速 CAN 总线在无数据传输时（休眠或隐

性状态）的电压无论是 CAN-H 还是 CAN-L 都是 2.5V，CAN-H 和 CAN-L 的电压相加是 5V。在有数据传输时（显性）CAN-H 的电压会升高，用万用表测其对地的电压，应高于 2.5V。CAH-L 的电压在显性时会降低，用万用表测其对地的电压应低于 2.5V。实际测量中，一般 CAN-H 的电压约为 2.6V，CAN-L 的电压约为 2.4V。因此，它们的电压相加还是 5V，这是利用电压判断 CAN 总线故障的方法之一。

❷ 舒适 CAN 总线。高速 CAN 总线在无数据传输时电压为 0V，低速 CAN 总线在无数据传输时电压是 5V，它们的电压相加也是 5V。有数据传输时电压 CAN-H 是 3.6V，CAN-L 是 1.4V，它们的电压相加仍是 5V。实际测量时高速 CAN 总线的电压是 4V 左右，低速 CAN 总线的电压是 1V 左右，相加也是 5V。

总结

汽车上无论是什么 CAN 总线，其 CAN-H 和 CAN-L 的电压相加始终是 5V。这个可以作为我们判断总线故障的一个依据。

（2）电阻测量

高速 CAN 总线为了抗干扰，会使用两个终端电阻。如图 17-3 所示，终端电阻在一个网络里面有且只有两个，一般安装在不同的模块内，也有例外的，有的车型会把终端电阻做在导线上，也有的车型会把两个终端电阻放在一个模块内，例如大众车型会把终端电阻都放在发动机电脑内部。大部分车型的终端电阻都是在两个模块内或者在导线上。

根据电阻并联的特性，测量 CAN-H、CAN-L 之间的电阻应该是 60Ω，实际上终端电阻并不是标准的 120Ω，因此在测量时一般会在 60Ω 左右。

利用高速 CAN 网络的这个特点，除了装有终端电阻的模块，其他任意模块都能在两根 CAN 总线中测到 60Ω 左右的电阻，可以据此判断线路是否开路或者短路。

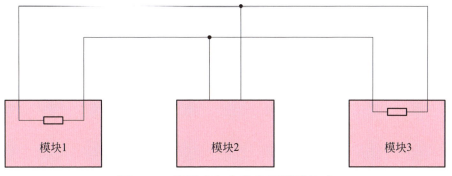

图 17-3 终端电阻安装在不同模块内

第十八章

CAN 总线波形分析与故障检修

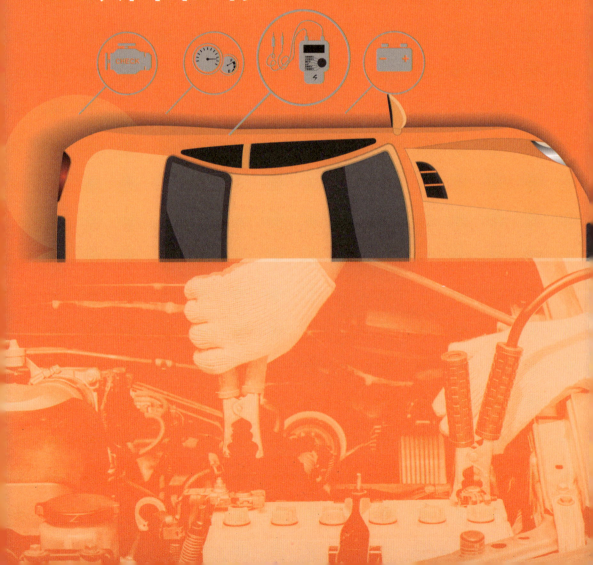

重点知识：
- CAN 总线故障波形分析
- CAN 总线常见故障检修

第一节　CAN 总线故障波形分析

（1）正常波形

在捕捉 CAN 总线波形时，需要使用双通道示波器。把双通道示波器的钩子分别接在 CAN-H、CAN-L 上面。夹子夹在负极线上，然后调整示波器的秒/格和伏/格，让波形准确地显示出来，如图 18-1 所示。

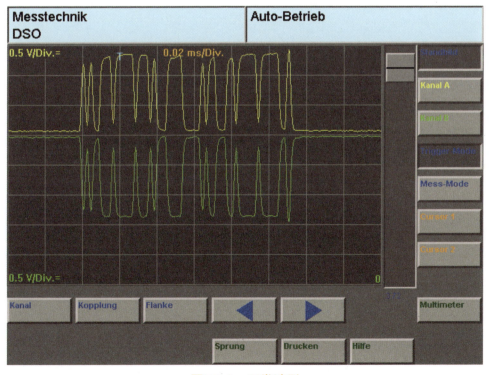

图 18-1　正常波形

这是奥迪车型的驱动 CAN 总线波形，可以看到与前面分析的 CAN 总线波形一致。所以这是一个正常的波形。如果把秒 / 格调大一些，会看到很多个一组一组的数据在总线上"跑"。

（2）对正极短路波形

图 18-2 所示为一个舒适 CAN 波形。可以看到，黄色线条的波形是没有问题的，但是绿色线条的波形是一个近似电源电压的直流电。这表明该舒适 CAN 的 CAN-L 对正极短路了。当然如果使用万用表测量也可以测出来，万用表测试结果是一根线的电压一点几伏，是一个合适的 CAN-H 电压，而 CAN-L 的电压则是近似电源电压。

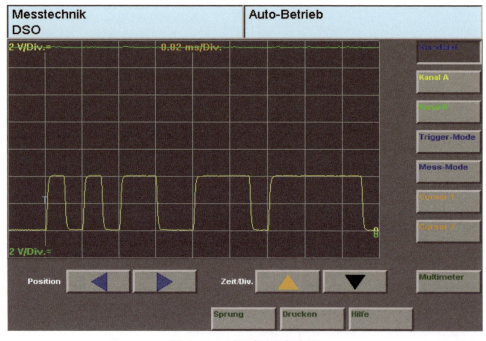

图 18-2　对正极短路波形

在舒适网络中一根线对正极短路，并不会导致总线瘫痪。总线会以单线模式运行，并在各个舒适模块中留下故障码（舒适总线单线运行模式）。造成的故障一般是总线无法休眠，如果是高端车型，会导致车辆漏电。

(3) 对负极短路波形

图 18-3 所示为一个舒适 CAN 波形。可以看到，黄色线条的波形是没有问题的，但是绿色线条的波形一直在 0V 位置，可以看出这个 CAN-L 是对负极短路了。当然如果使用万用表测量也可以测出来，万用表测试结果是一根线的电压一点几伏，是一个合适的 CAN-H 电压，而 CAN-L 的电压则为 0V。

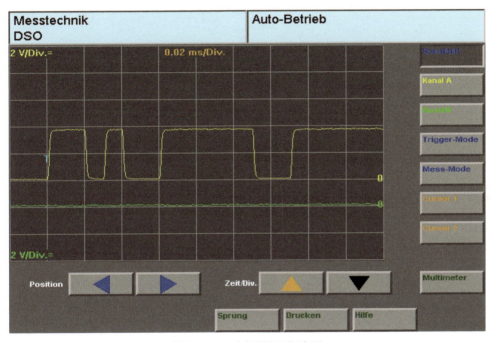

图 18-3　对负极短路波形

在舒适网络中一根线对负极短路，并不会导致总线瘫痪。总线会以单线模式运行，并在各个舒适模块中留下故障码（舒适总线单线运行模式）。造成的故障一般是总线无法休眠，如果是高端车型，会导致车辆漏电。

(4) 总线相互短路波形

如图 18-4 所示，CAN-H 和 CAN-L 的波形是一样的，这说明 CAN-H 和 CAN-L 之间相互短路了。

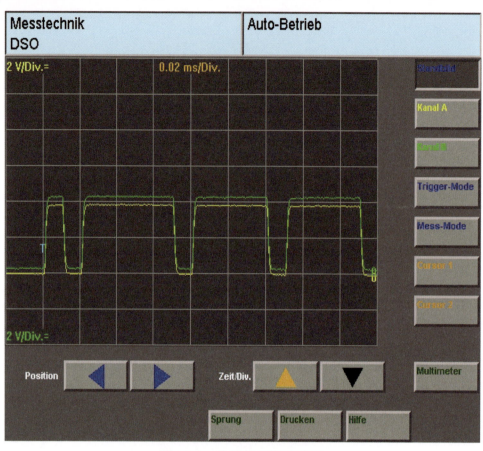

图 18-4 总线相互短路波形

第二节 CAN 总线常见故障检修

目前汽车各大系统基本都由模块统一控制，相同类别的模块组建成一个局域网络，例如发动机、变速器、ASB、气囊就使用 CAN 总线连接构成了一个驱动 CAN。各局域网之间的通信速率不一样，协议不一样，相互不能直接通信，需要一个网关来协调各个局域网之间的通信（图 18-5）。

网络出现故障，总结起来就是模块本身故障、总线虚接、总线开路、总线之间相互短路、总线对地短路、总线对正极短路。出现故障的表现就是单一模块不通信、总线瘫痪。下面针对较常见的故障来讲解维修方法。

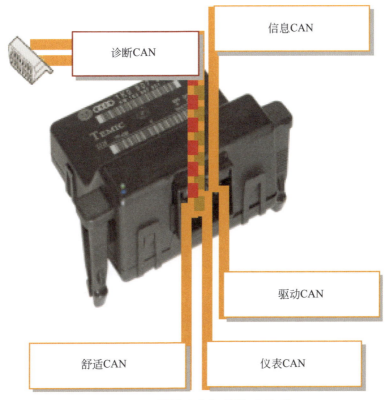

图 18-5　局域网之间的物理关系

（1）单一模块不通信故障检修

单一模块不通信是指在一个局域网上所有的模块基本都能通信，且可以读出故障码，但都会报与某一个模块失去通信的故障码。例如，在驱动 CAN 总线上面有发动机电脑、自动变速器电脑、ABS 电脑，ABS 故障灯点亮，使用解码器扫描全车模块，发现发动机电脑、自动变速器电脑有故障码，ABS 电脑无法通信。

根据总线通信的原理可以分析出以下信息。

❶ 驱动 CAN 总线没有对正极或负极短路，否则驱动 CAN 总线便瘫痪了。

❷ 如果 ABS 电脑内部有终端电阻，则不考虑 ABS 电脑的 CAN 总线开路。否则驱动 CAN 总线便瘫痪。

❸ 如果 ABS 电脑内部没有终端电阻，则可能是 CAN 总线瘫痪了。

❹ ABS 电脑的电源可能会出现故障，因为 ASB 电脑的电源有故障，那么 ABS 电脑就无法正常开机工作，所以电脑无法通信。

❺ ABS 电脑本身故障，如果电源是完好的，总线也是完好的，则 ABS 电脑本身故障。

下面看一下准确的检修捕捉步骤。

❶ 根据电路图检查电脑的电源部分，如果有故障修复即可。

❷ 根据电路图找到电脑的总线，然后拔掉插头测量 CAN-H 和 CAN-L 的电压，看是否在合理范围内。一般只会得到以下两个结果：正常的；一根线没有电压，另一根线正常，或者两根线都没有电压，没有电压的即开路。

❸ 如果确定了电脑的电源是完好的，CAN 总线电压也是合理的，此时便可以更换电脑了。

（2）总线瘫痪检修

总线瘫痪就是总线上所有的模块都不能通信了，且是持久不能通信，不是偶发的。如果是偶发的，要考虑线路是否虚接。根据总线通信原理，总线瘫痪的大致原因有以下几个。

❶ 总线对正极短路。采用测电压的方法。检查 CAN-H、CAN-L 对地的电压，看是否有一根线电压过高。如有则逐个拔下网络上的模块，拔一个看一下电压是否恢复。若恢复了则是该模块故障，若所有模块都拔下，总线依旧是高电压，即说明线路有地方对正极短路了，因此要查线路。

❷ 总线对负极短路。采用测电压的方法，检查 CAN-H、CAN-L 对负极的电压。看是否有一根线电压为 0V。如有则逐个拔下网络上的模块，拔一个看一下电压是否恢复。若恢复了则是该模块故障，若所有模块都拔下，总线电压依旧是 0V，即说明线路有地方对负极短路了，因此要查线路。

❸ 总线开路。在前面的测试中如果电压正常，不代表总线就是好的。因为每个模块只要电源正常，无论是否接到总线上去，模块本身也会有电压。所以这时需要采用测电阻的方法。根据总线结构原理，拔掉任意一个模块后，其总线端子之间的电阻都是 60Ω 左右（注意测电阻需要断电）。可以根据这个方法来判断线路是否开路。若检测到电阻是 120Ω，则有以下两个原因。

a. 拔下的这个模块本身就是带终端电阻的模块，测模块电阻验证。

b. 带有终端电阻的模块在总线上是开路状态，需要找到哪个模块是带终端电阻的（拔掉可疑模块测模块电阻），然后检查其线路。

对于舒适网络没有终端电阻，那么也就不会出现带有终端电阻的模块开路导致总线瘫痪的情况。

❹ 总线之间相互短路。这种情况较易验证，在前面测量电阻的方法中，如果测量到总线之间的电阻过小，那么接下来去拔该网络下的模块，拔一个测量一次电阻，直到电阻合适为止。如果全部拔下后电阻还是过低，那么检查线路。

（3）串联总线故障检修

串联总线结构通用车型用得较多。如图 18-6 所示，每一个模块都是串联起来的。一般驱动 CAN 总线会直接接入 OBD 的 6 号/14 号端子。这种结构的总线一出现故障就使总线瘫痪。出现故障的原因一般是 CAN-H、CAN-L 之间短路或者线路开路。检修方法很简单，关钥匙开关，检查 OBD 接口的 6 号/14 号端子电阻是否合理。根据电阻大小判断问题点，如果电阻过小则线路之间短路，如果电阻为 120Ω 则说明线路开路。具体检修方法是，拔掉模块 1 插头，检查 3 号/4 号端子之间电阻，若完好，则应是 120Ω，无穷大说明线路开路，电阻过小说明线路短路。如果有故障，继续检查模块 2 插头的 1 号/2 号端子电阻，插回模块 1 插头，电阻应是 120Ω，否则前段有故障；检查 3 号/4 号端子，电阻应为 120Ω，否则后段有故障。依此类推，就可以轻松找到故障点。

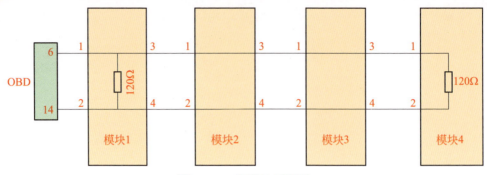

图 18-6 串联总线结构

第十九章
LIN 总线原理与故障检修

> **重点知识：**
> - LIN 总线原理与实际应用
> - LIN 总线常见故障检修

第一节 LIN 总线原理与实际应用

（1）LIN总线通信原理与物理连接关系

图 19-1 所示为一个空调控制系统联网图，空调控制面板通过 CAN 总线与网关连接。空调控制面板在控制鼓风机与风门位置执行器时使用的是 LIN 总线控制。这种控制方法在车窗控制上也会应用到。LIN 总线的特点如下。

❶ 网速慢，因此只使用一根线传递数据。

❷ 整个 LIN 网络必须有一个主模块才能完成数据的传输。

❸ 一个主模块最多只能有 16 个从模块。

❹ 所有的数据传递都由主模块控制。

❺ 主模块既可以发送数据，也可以查询从模块的工作状态。

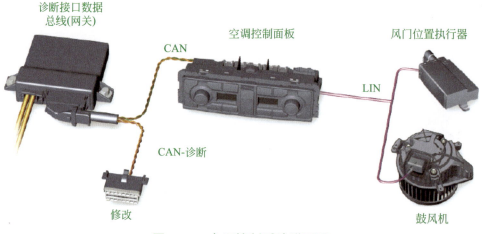

图 19-1 空调控制系统联网图

（2）LIN 协议

图 19-2 所示为一个 LIN 总线正常波形，LIN 总线在没有数据传递时总线上面电压为 12V。在传输数据时电压在 12V/0V 来回变化。

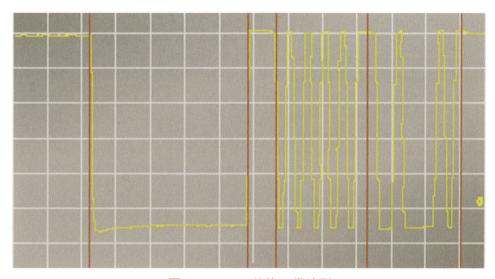

图 19-2　LIN 总线正常波形

在实际测量时，可以使用万用表来检查 LIN 总线上的电压。在车辆休眠时，总线电压大约是 12V；在有数据传递时，总线电压大约是 9V。

（3）LIN 总线在汽车上的实际应用

❶ 执行器控制。LIN 总线一般较多应用于执行器控制，例如空调控制面板控制空调鼓风机、空调风门位置执行器等。若不使用 LIN 总线去控制，则每一个执行器都需要使用单独的一套导线去控制。如果使用 LIN 总线去控制，只要给每一个执行器供电，接上 LIN 网络，这样主模块就可以去控制各个执行器动作了，同时主模块还可以检查各个执行器动作是否正常。

LIN 总线控制在玻璃升降器上应用也较多，主门开关或电机为主控模块，其他门的开关或电机为从模块，这样主门只要通过 LIN 总线就可以控制其他门的玻璃动作了。

❷ 智能型传感器。LIN 总线的主模块可以通过 LIN 总线查询从模块的工作状态，根据这个原理，汽车上还有一些传感器使用的是 LIN 总线传递数据。例如雨量传感器就可以使用 LIN 总线与 BCM 进行通信，BCM 通过 LIN 总线查询雨量传感器的数据，即可知晓当前雨量传感器采集的前挡风玻璃上面是否有雨水。同理，有些车型的空调压力传感器也会使用 LIN 总线来传递数据，空调控制面板作为主控单元查询空调压力传感器的数据，即可知晓当前的空调压力。

第二节　LIN 总线常见故障检修

（1）单一模块不通信

因为 LIN 总线一般应用在执行器控制处，因此出现单一模块不通信一般就是丢失了某一项功能，例如左前门控制右前门的动作是使用 LIN 网络控制的，如果左前门与右前门的 LIN 网络出现通信故障，那么出现的故障现象就是左前门控制不了右前门的动作。这种故障现象称为单一模块不能通信，导致这个故障的原因有执行器故障、执行器电源故障、执行器 LIN 开路。

下面以一个故障案例来了解一下具体的检修思路。

故障现象

2012 年款大众 POLO，右前门玻璃升降器在右前门可以控制，在左前门无法控制。

检修流程

通过电路图（图 19-3、图 19-4）分析，发现右前门的车窗升降是左前门通过 LIN 总线来控制的，右前门的开关可以控制右前门车窗升降动作，即说明右前门的电机电源是没有问题的。现在主要检修方向就是左前门到右前门的 LIN 总线。当然，在类似的故障中，第一步还是要确定一下右前门电机的电源的，只不过这里可以推理出来右前门电机的电源是好的，所以没有去检查。

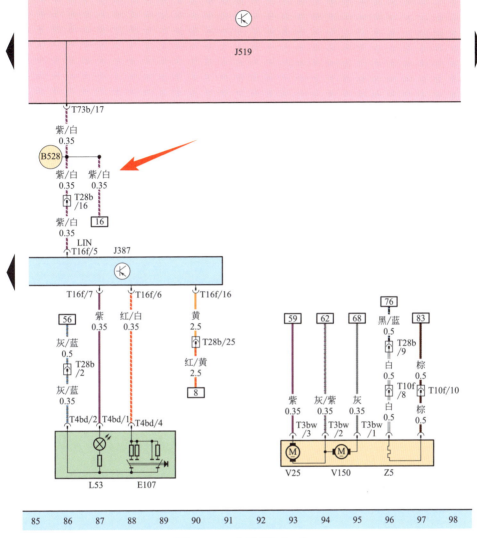

图 19-3 电路图（一）

E107—前乘客侧车窗升降器开关（在前乘客侧车门上）；J387—前乘客侧车门控制单元（在前乘客侧车门内）；J519—BCM 车身控制单元（在仪表板左侧下方）；L53—车窗升降器开关照明灯；T3bw—3 针插头（黑色，前乘客侧后视镜调节电机插头）；T4bd—4 针插头（黑色，前乘客侧车窗升降器开关插头）；T10f—10 针插头（黑色，在前乘客侧车门内）；T16f—16 针插头（黑色，前乘客侧车门控制单元插头）；T28b—28 针插头（黑色，在右 A 柱中部）；T73b—73 针插头（白色，在 BCM 车身控制单元上 B 号位）；V25—前乘客侧后视镜调节电机（在前乘客侧后视镜内）；V150—前乘客侧后视镜调节电机（在前乘客侧后视镜内）；Z5—前乘客侧可加热外后视镜（在前乘客侧后视镜内）；B528—连接线（LIN 总线，在主导线束中）

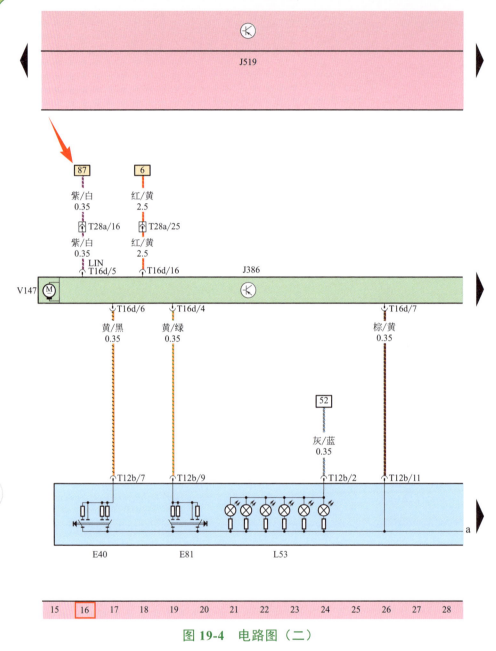

图19-4 电路图(二)

E40—驾驶员侧车窗升降器开关(在驾驶员侧车门上);E81—前乘客侧车窗升降器开关(在驾驶员侧车门上);J386—驾驶员侧车门控制单元(在驾驶员侧车门内);J519—BCM车身控制单元(在仪表板左侧下方);L53—车窗升降器开关照明灯;T12b—12针插头(黑色,车窗升降器开关插头);T16d—16针插头(黑色,驾驶员侧车门控制单元插头);T28a—28针插头(黑色,在左A柱中部);V147—驾驶员侧车窗升降器电机(在驾驶员侧车门内)

根据电路图看出右前门电机的插头上 5 号端子是 LIN 总线，根据 LIN 通信原理，可以测量右前门 LIN 总线到左前门的 5 号端子是不是导通的，也可以在打开钥匙的情况下来测量 LIN 总线的电压，以此来判断 LIN 总线是否有故障。测量结果如下。

❶ 拔插右前门插头，LIN 总线电压为 0V（不正常）。

❷ 继续拔下左前门电机插头测 5 号端子到右前门的 5 号端子，电阻无穷大，说明线断了。

一般门线断了大部分都是门铰链处断了，因此检查左前门铰链处导线与右前门铰链处导线，发现左前门铰链处导线断开。

解决方案

修复断开的导线，试车故障解决。

遇到 LIN 总线单一模块不通信的故障，可以参考图 19-5 所示的流程检修。

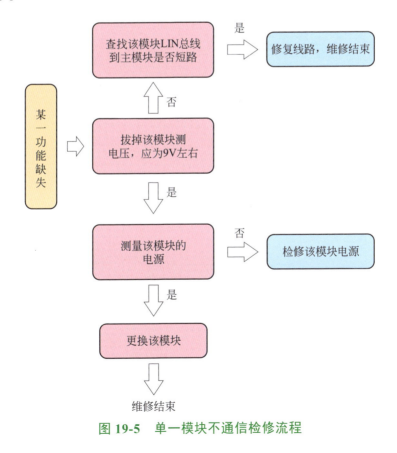

图 19-5　单一模块不通信检修流程

（2）LIN总线瘫痪

LIN总线瘫痪，一般表现为所有功能不可用。导致此故障的原因有如下几个。

❶ LIN总线对地短路。使用万用表测量LIN总线电压，一般在LIN总线有数据传输时为9V，关闭点火开关（休眠）时为12V。如果测得的电压为0V，即说明总线对负极短路，此时应先拔总线上的从模块，并观察电压是否恢复，如果恢复了即说明这个模块内部对地短路。如果全部拔掉了，接下来拔掉主模块，使用万用表的电阻挡测量总线对负极的电阻。如果有电阻即说明总线对负极短路了，此时需排查导线。

❷ LIN总线对正极短路。使用万用表测量LIN总线电压，一般在LIN总线有数据传输时为9V，关闭点火开关（休眠）时为12V。如果测得的电压始终为12V，即说明总线对正极短路，此时应先拔总线上的从模块，并观察电压是否恢复，如果恢复了即说明这个模块内部对正极短路。如果全部拔掉了，接下来拔掉主模块，使用万用表的电阻挡测量总线对正极的电阻。如果有电阻即说明总线对正极短路了。此时需排查导线。

❸ LIN总线在靠近主模块处开路。使用万用表测量从模块到主模块的LIN总线电阻，以判断线路是否开路。

❹ 主模块损坏。保证主模块电源正常，断开主模块上的LIN总线，测量其电压是否合理。也可以使用示波器观察LIN总线上的波形，分析主模块是否有输出。

第二十章
MOST 总线原理与故障检修

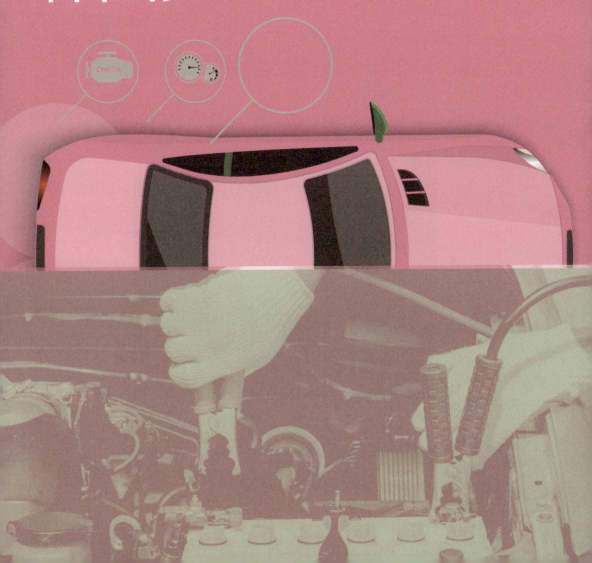

重点知识：
- MOST 总线原理与网络构架
- MOST 总线常见故障检修

第一节　MOST 总线原理与网路构架

（1）光纤通信原理

在 CAN 总线中用电平的高低变化代表数字 0 和 1，用 0 和 1 的组合来完成数据的传递，而在 MOST 总线中用光纤来传递数据。光纤是一种导光的线（图 20-1），类似于电线能走电流，那么光纤可以走光线。在 MOST 总线中用有光代表数字 1，没有光代表数字 0，这样也可以完成数字信号的传递，因为光的速度非常快，因此光纤传递数据的网速也是非常快的。在 MOST 总线中模块使用一个发光二极管发射光线，由接收模块的光电二极管接收。

图 20-1　光纤导光

在汽车上 MOST 总线一般用在影音娱乐系统中，因为影音娱乐系统中的数据传输量是非常大的，所以在很多高端车型上配备好的影音娱乐系统时就会配置MOST总线。

(2) MOST总线结构

如图20-2所示，车用光纤基本都是这样的，每一个插头上面都有两根光纤，一进一出，这样做的原因与MOST总线的拓扑图有关，在每一个MOST总线用户上都有一个这样的插头。

图20-2　车用光纤外观

MOST总线拓扑图为环型拓扑图，如图20-3所示。光线从收音机出发依次是：收音机→音响控制单元→数字收音机→外接声音接口→CD换碟机→电视调谐器→导航控制单元→电话收发控制单元→信息控制单元→网关→收音机。

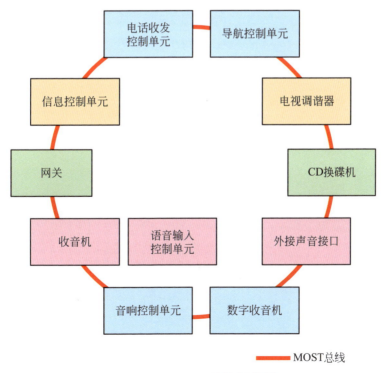

图20-3　MOST总线拓扑图

光线按照设定好的路径依次经过所有的 MOST 用户，形成一个闭环的回路。如果光纤回路出现断路，那么整个 MOST 总线通信就会瘫痪，所有系统将不能正常工作。

第二节　MOST 总线常见故障检修

（1）专检引导检修

若 MOST 总线出现故障，一般都会在模块中留下一个故障码（光学环形断裂的故障码），同时 MOST 总线上的所有模块不能正常工作。可以使用专用解码器的引导性功能来进行检测。只要根据引导性功能来进行操作，就可以知道整个光纤系统哪里出现了故障。

由图 20-4 可以看出，每一个 MOST 总线上的模块，不仅有 MOST 总线，也有 CAN 总线。专检的检查原理是通过网关用 CAN 总线与模块进行通信，如果模块的电源是好的，那么即可通信。例如，网关通过 CAN 总线激活 J523 的光信号输出，J523 就会输出一个自检的光学信号，接着 J533 通过 CAN 总线询问 J525 模块是否接收到信号，如果能接收到，即这一段光纤是好的，否则是坏的。

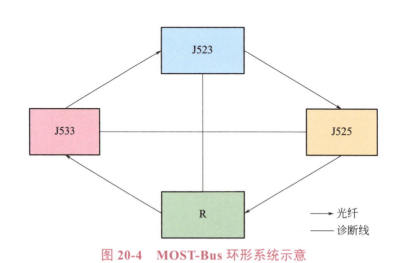

图 20-4　MOST-Bus 环形系统示意

J533—网关；J523—MMI 操作和显示控制单元；J525—音响控制单元；R—收音机

（2）短接头短接检修

前面的方法是有专用解码器时才适用，如果没有专用解码器，那么这个方法基本就不能用了。因此我们还应掌握一些"土办法"来检修光纤系统。

假设在某套光纤系统中有一个模块出现故障，导致光纤短路，那么只要找到这个模块就可以了。例如怀疑某个功放有故障，那么找到这个功放，然后拔下其光纤插头，观察插头上面是否有光过来，如果没有光过来，那么需要检查上一个模块，如果有，可以使用短接头（图20-5）短接光纤端，这样光纤的回路就恢复了，整个系统就可以正常工作了，但是因为少了功放，这时是没有声音的。

图 20-5　短接头

这种"土办法"也可以快速检修光纤系统的故障，但是在主机出现问题时，这个方法就不奏效了，不过主机是可以通过 CAN 通信诊断的，也就是用解码器扫描全车模块时没有发现主机，就要按照 CAN 总线的单一模块不通信来检修，优先保证主机能工作，主机的光纤接口有光出来，然后就可以使用前面的"土办法"来检修了。

第二十一章
汽车玻璃升降电路

> 重点知识：
> - 由 BCM 控制的车窗电路
> - 带有车门模块控制的车窗电路

第一节　由 BCM 控制的车窗电路

图 21-1 所示为吉利帝豪 EC7 的车窗控制电路，这是一个非常典型的控制逻辑。其整体构架是通过一个玻璃升降控制模块控制电机的正、反转来实现车窗动作。在其他车型中也许不是使用玻璃升降控制模块，而是使用车身电脑来控制，但原理也是一样的。

在使用模块控制车窗电路时，要按照前面学习的逻辑控制电路来分析。通过电路图（图 21-1、图 21-2）可以看出，模块的 28 号 /22 号端子是常电源；23 号 /19 号端子是 ACC 电源；9 号 /10 号 /27 号端子是模块的负极电源。模块采集开关的状态来判断当前驾驶员的操作意图（具体参考开关电路），主门（左前门）开关与其他三个门上的开关是并联状态。电机的控制是由玻璃升降控制模块直接控制的，当然内部也一定是由继电器来实现的。

如果所有车门不动作，根据电路控制逻辑，所有电机同时损坏的可能性极低，那么可能性较大的故障原因有如下几个。

❶ 玻璃升降控制模块电源故障。可以对照电路图使用功率试灯来检查玻璃升降控制模块电源是否有故障，若电源有问题，可对照电路图进行修复。

❷ 左前门玻璃升降开关故障。如果是由 BCM 控制的车窗电路，可以读取数据流来快速判断开关信号是否送到 BCM。若是玻璃升降控制模块控制的，解码器可能无法进入。这时只能对照电路图，使用万用表来检查开关状态是否正常。

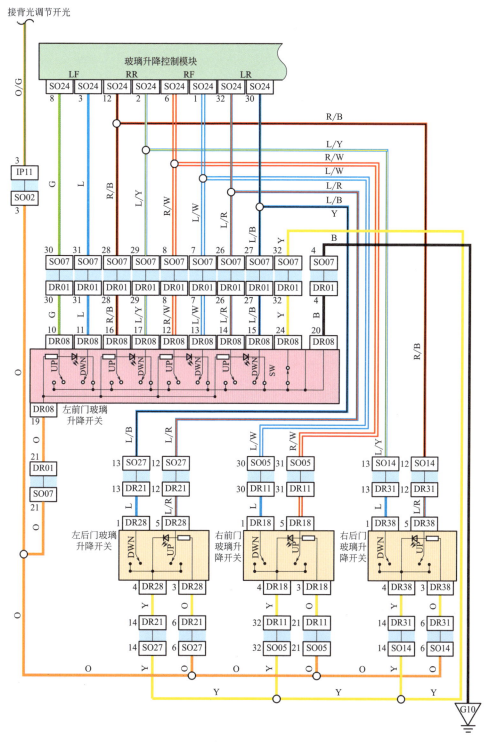

图 21-1 吉利帝豪 EC7 车窗控制电路（一）

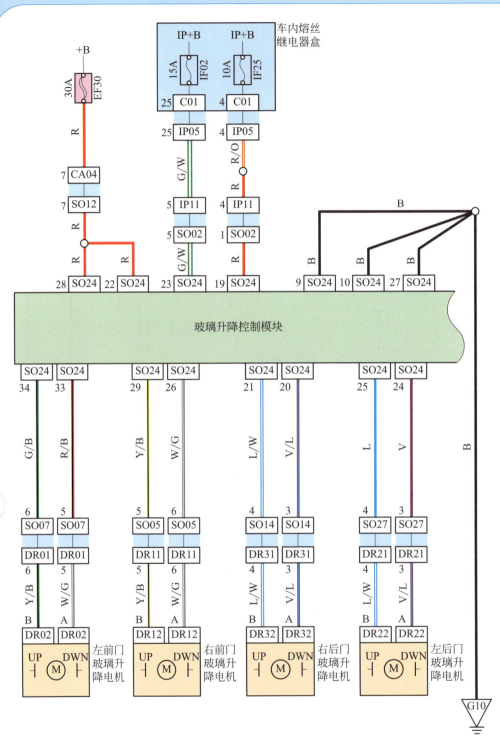

图 21-2　吉利帝豪 EC7 车窗控制电路（二）

❸ 左前门玻璃升降开关至玻璃升降控制模块线路故障。在前面的检修中，若发现电压不正常，应注意开关的公共负极是否正常，以及开关至模块之间的线路是否正常。

❹ 玻璃升降控制模块故障。如果在检查中发现开关信号可以正常送入模块，且模块的电源也是好的，这时模块没有控制电源输入，则一定是控制模块坏了。

第二节　带有车门控制模块的车窗电路

图 21-3 ~ 图 21-8 所示为大众 POLO 的车窗控制电路，该车型采用了两种控制方案，后面两个车门使用的是直控式控制。可以看出后面两个车门的开关上有常正极，有根线来自驾驶员侧开关。可以看出，开关内部都是常闭触点接在来自驾驶员侧的两根线上，这两根线也是在驾驶员侧开关通过常闭触点接地的。这就构成了一个最简单的直控式车窗控制电路。

左前门和右前门的电机上面都有个模块，分别称为驾驶员侧车门控制单元和前乘客侧车门控制单元，这种结构在很多中高端车型上都有使用。车门控制单元就是指把这一车门的所有用电器都由这个模块集中控制。驾驶员侧车门和前乘客侧车门的控制单元之间使用 LIN 总线传递信息。这样，左前门就可以控制右前门的玻璃/倒车镜/中控锁等用电器了。每一个车门的玻璃升降控制是由控制单元采集开关的状态信号来直接控制电机动作的。

现在以左前门为例讲解其控制逻辑。

（1）模块供电与唤醒

模块由 16 号端子供 12V 电，模块的 8 号端子接地，由 LIN 总线接收 BCM 的唤醒信号。

（2）开关信号采集

驾驶员侧车门控制单元通过 6 号端子采集开关 E40 的状态，通过 4 号端子采集开关 E81 的状态。

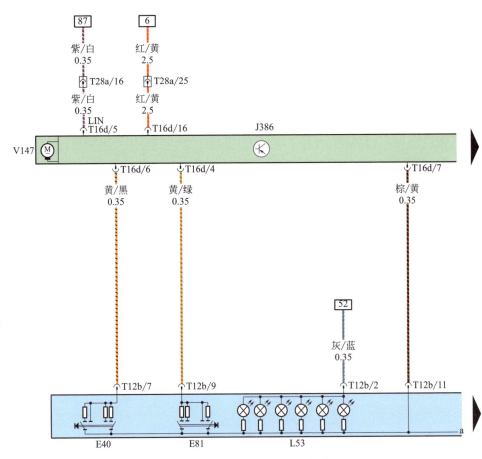

图 21-3 大众 POLO 车窗控制电路（一）

E40—左前车窗升降器开关（在驾驶员侧车门上）；E81—右前车窗升降器开关（在驾驶员侧车门上）；J386—驾驶员侧车门控制单元（在驾驶员侧车门内）；J519—BCM 车身控制单元（在仪表板左侧下方）；L53—车窗升降器开关照明灯；T12b—12 针插头（黑色，车窗升降器开关插头）；T16d—16 针插头（黑色，驾驶员侧车门控制单元插头）；T28a—28 针插头（黑色，在左 A 柱中部）；V147—驾驶员侧车窗升降器电机（在驾驶员侧车门内）

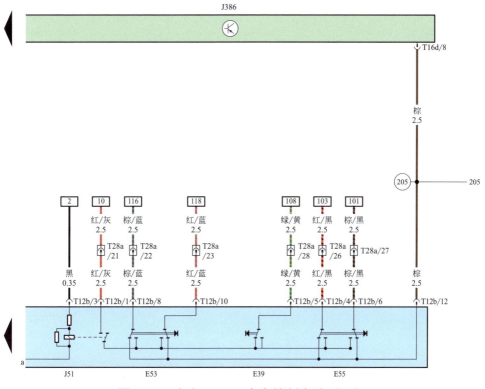

图 21-4 大众 POLO 车窗控制电路（二）

E39—后部车窗升降器锁止开关（在驾驶员侧车门上）；E53—左后车窗升降器开关（在驾驶员侧车门上）；E55—右后车窗升降器开关（在驾驶员侧车门上）；J51—车窗升降器继电器（在驾驶员侧车门上）；J386—驾驶员侧车门控制单元（在驾驶员侧车门内）；J519—BCM 车身控制单元（在仪表板左侧下方）；T12b—12 针插头（黑色，车窗升降器开关插头）；T16d—16 针插头（黑色，驾驶员侧车门控制单元插头）；T28a—28 针插头（黑色，在左 A 柱中部）；205—接地连接线（在驾驶员侧车门导线束中）

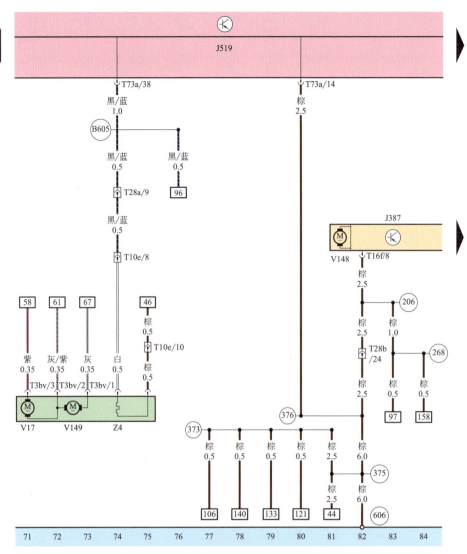

图 21-5　大众 POLO 车窗控制电路（三）

J387—前乘客侧车门控制单元（在前乘客侧车门内）；J519—BCM 车身控制单元（在仪表板左侧下方）；T3bv—3 针插头（黑色，驾驶员侧后视镜调节电机插头）；T10e—10 针插头（黑色，在驾驶员侧车门内）；T16f—16 针插头（黑色，前乘客侧车门控制单元插头）；T28a—28 针插头（黑色，在左 A 柱中部）；T28b—28 针插头（黑色，在右 A 柱中部）；T73a—73 针插头（黑色，在 BCM 车身控制单元上 A 号位）；V17—驾驶员侧后视镜调节电机（在驾驶员侧后视镜内）；V148—前乘额侧车窗升降器电机（在前乘客侧车门内）；V149—驾驶员侧后视镜调节电机（在驾驶员侧后视镜内）；Z4—驾驶员侧可加热外后视镜（在驾驶员侧后视镜内）；206—接地连接线（在前乘客侧车门导线束中）；268—接地连接线（在前乘客侧车门导线束中）；373—接地连接线（在主导线束中）；375—接地连接线（在主导线束中）；376—接地连接线（在主导线束中）；606—接地点（在换挡杆前面，中央通道左侧）；B605—连接线（在主导线束中）

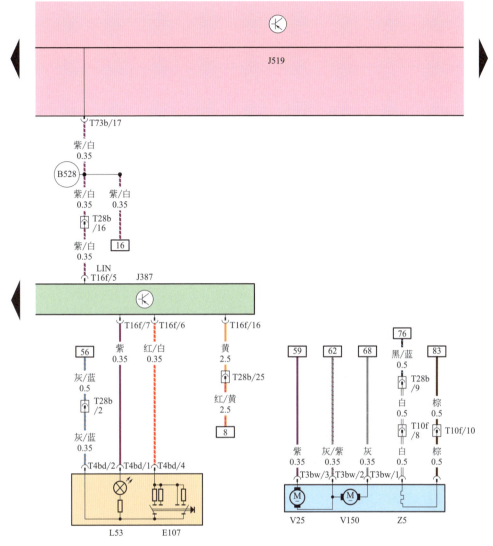

图 21-6 大众 POLO 车窗控制电路（四）

E107—前乘客侧车窗升降器开关（在前乘客侧车门上）；J387—前乘客侧车门控制单元（在前乘客侧车门内）；J519—BCM 车身控制单元（在仪表板左侧下方）；L53—车窗升降器开关照明灯；T3bw—3 针插头（黑色，前乘客侧后视镜调节电机插头）；T4bd—4 针插头（黑色，前乘客侧车窗升降器开关插头）；T10f—10 针插头（黑色，在前乘客侧车门内）；T16f—16 针插头（黑色，前乘客侧车门控制单元插头）；T28b—28 针插头（黑色，在右 A 柱中部）；T73b—73 针插头（白色，在 BCM 车身控制单元上 B 号位）；V25—前乘客侧后视镜调节电机（在前乘客侧后视镜内）；V150—前乘客侧后视镜调节电机（在前乘客侧后视镜内）；Z5—前乘客侧可加热外后视镜（在前乘客侧后视镜内）；B528—连接线（LIN 总线，在主导线束中）

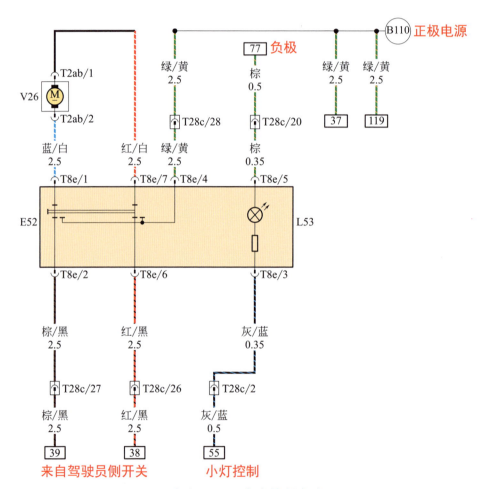

图 21-7　大众 POLO 车窗控制电路（五）

E52—左后车窗升降器开关（在左后车门上）；J519—BCM 车身控制单元（在仪表板左侧下方）；L53—车窗升降器开关照明灯；T2ab—2 针插头（黑色，左后车窗升降器电机插头）；T8e—8 针插头（黑色，左后车窗升降器开关插头）；T28c—28 针插头（黑色，在左 B 柱中部）；V26—左后车窗升降器电机（在左后车门内）；B110—连接线（30，车窗升降器，在主导线束中）

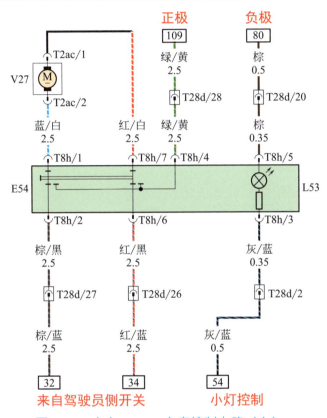

图 21-8 大众 POLO 车窗控制电路（六）

E54—右后车窗升降器开关（在右后车门上）；J519—BCM 车身控制单元（在仪表板左侧下方）；L53—车窗升降器开关照明灯泡；T2ac—2 针插头（黑色，右后车窗升降器电机插头）；T8h—8 针插头（黑色，右后车窗升降器开关插头）；T28d—28 针插头（黑色，在右 B 柱中部）；V27—右后车窗升降器电机（在右后车门内）

（3）执行器控制

驾驶员侧车窗升降器电机本身就是与驾驶员侧车门控制单元一体的，所以由驾驶员侧车门控制单元直接控制。前乘客侧车窗升降器电机动作,是由 LIN 总线把动作信号传递给前乘客侧车门控制单元的。

(4)故障排除流程

左前门开关不能控制左前门动作,可以按照如下流程进行故障排查。

❶ 左前门开关故障。使用万用表检查开关的 7 号 /9 号端子是否可以跟随开关动作变化出不同的电位。

❷ 左前门开关至左前门模块线路故障。在检查开关的 7 号端子与 9 号端子的电位变化时,若发现拔下插头 7 号 /9 号端子都没有高电位,即可说明开关至模块之间线路可能存在故障,需要检查线路导通性。若插上插头无论怎么按开关 7 号 /9 号端子的电压都是高电位,则需要检查开关的 11 号 /12 号端子的负极是否则正常,若正常则为开关故障。

❸ 左前门模块电源故障。左前门的电源为 16 号端子正极,8 号端子负极,使用试灯检查。

❹ 左前门唤醒信号故障。若电源正常,还需检查 LIN 总线 5 号端子。LIN 总线是左前门的唤醒线。如果这条线开路,那么左前门始终是休眠状态,无法工作。

❺ 左前门模块故障。若在前面的检查中都是没有故障的,那唯一的可能就是模块故障。

第二十二章
汽车雨刮器电路

> 重点知识：
> - 雨刮器工作原理
> - 各种雨刮器电路检修技巧

第一节　雨刮器工作原理

汽车雨刮器主要作用为清洗前后挡风玻璃并刮除前、后挡风玻璃上的水。根据其工作条件不同，分为喷水清洗玻璃挡位、点动挡位、间歇挡位、低速挡位、高速挡位。每次开关关闭后，雨刮器都会回到初始位置。

为了实现不同挡位的工作，在各个车型中设计了不同的雨刮器电路来实现，在学习各种车型的雨刮器控制电路时，总结出几个共同点，按照这些共同点来分类，就可以快速掌握所有车型的雨刮器电路控制方法。在学习各种雨刮器电路的控制逻辑之前，先要了解一些基本知识。

（1）雨刮器电机是如何自动复位的？

图22-1所示为一个雨刮器电路，图22-2所示为雨刮器实物。实现雨刮器的自动复位主要依靠电机内部的自动复位器，自动复位器实际就是一个齿轮副加上一个开关，那么这个开关就会随着电机的运转而动作。现在讲解一下电机是如何实现复位的。

电机的一端是通过点火开关与电源正极连接的，电机的另外一端由雨刮器开关来控制负极。开关打在LO挡时电机低速动作，此时电机内部的自动复位器跟随着电机一起转动，不断地与正、负极相连，与负极连接的位置就是电机没有复位的位置，与正极连接的位置就是电机已经复位的位置。如果电机在没有复位的位置开关突然打至OFF挡，那么电机的负极线就会通过开关内部的OFF挡与自动复位器连接，通过自动复位器接到负极，电机继续运转，直至电机的复位器转至正极。

第二十二章 汽车雨刮器电路

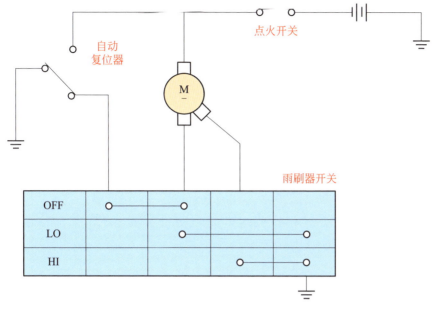

图 22-1 雨刮器电路

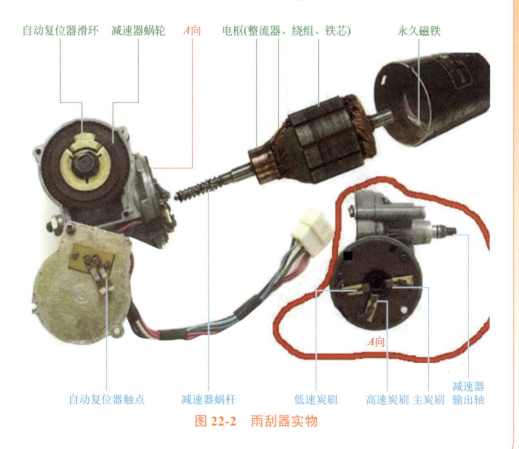

图 22-2 雨刮器实物

在电机停止时为什么要把两边都接正极呢？这是因为电机在停止运转时还会因为惯性继续运转一会儿，根据直流电机的工作原理可以知道，在自然转动时电机是工作在发电状态的，因此在关闭电机后把电机两边都接入正极，实际是把电机的两个电极给短接了，这样就实现了制动，让电机快速停下来。

（2）雨刮器电机是如何实现高、低速运转的？

从图 22-2 中可以看到，雨刮器电机的炭刷有三个，它们按照一定的角度排列，主炭刷与电源相连，对应 180°的是低速炭刷，与主炭刷相差 120°的是高速炭刷。按照这种排列即可实现电机的高、低速运转。原理可查阅有关直流电机的书籍。

第二节　A 控制逻辑

图 22-3 所示为通用凯越车型雨刮器电路，可以看到雨刮器的控制系统由雨刮器电机、洗涤器电机、雨刮器开关、洗涤器开关构成。其中后雨刮器电路比较简单，这里就不再讲解，主要以前雨刮器电机的低速挡、自动复位挡、高速挡、间歇挡、清洗挡来进行讲解。

（1）低速挡

运行/启动电源→F9 熔丝→熔丝盒 1 号端子→雨刮器开关 A8 端子→低速挡触点→雨刮器开关 A5 端子→前雨刮器电机 1 号端子→前雨刮器电机 3 号端子→负极。

（2）自动复位挡

前雨刮器电机的 6 号端子是复位线，在电机没有复位时内部的触点闭合至 8 号端子，若电机已复位则闭合至前雨刮器电机 3 号端子。因此自动回位的电流走向为：运行/启动电源→F9 熔丝→熔丝盒 40 号端子→前雨刮器电机 8 号端子→前雨刮器电机 6 号端子→雨刮器开关 A6 端子→雨刮器开关停止触点→雨刮器开关 A5 端子→前雨刮器电机 1 号端子→前雨刮电机 3 号端子→负极。

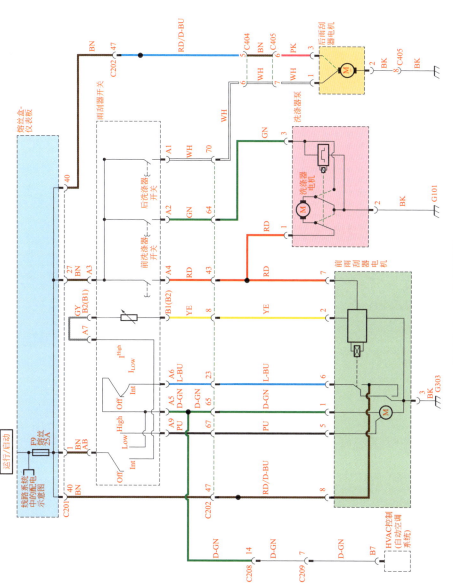

图 22-3 A 控制逻辑

（3）高速挡

运行/启动电源→F9 熔丝→熔丝盒 1 号端子→雨刮器开关 A8 端子→高速挡触点→雨刮器开关 A9 端子→前雨刮器电机 5 号端子→前雨刮器电机 3 号端子→负极。

（4）间歇挡

间歇挡实现依靠电机内部的一个间歇挡继电器来完成。开关拨至间歇挡时，开关通过电机的 2 号端子激活电机内部的继电器。继电器根据开关内部的电位计来确定间歇时间，继电器每次工作时，把复位开关吸合至正极后便立即断开，然后依靠复位电路来使电机继续运转至停止位置。

（5）清洗挡

清洗挡位闭合时会同时给前雨刮器电机的 7 号端子供电，7 号端子与 2 号端子一样，都是控制电机内部的继电器，因此跟间歇挡控制一样。

第三节　B 控制逻辑

图 22-4 所示为现代车型雨刮器电路，主要由组合开关、雨刮器电机、洗涤器电机构成。下面以这个电路为例来讲解各功能电路的电流走向。

（1）除雾挡

ON 电源→熔丝→熔丝盒 10 号端子→组合开关 3 号端子→组合开关 4 号端子→雨刮器电机 5 号端子。

（2）复位挡

如果在没有复位时关闭了组合开关，那么复位电路就会启用，复位电路的关键是雨刮器电机内部的停止开关，停止开关就是前面说的复位器。复位时雨刮器电机的 3 号端子与负极接通，未复位时与正极接通。复位信号从开关的 5 号端子至内部的 PCB 板。PCB 板是一个逻辑电路板，类似于一个电脑。如果没有复位，开关内部 PCB 板 S+ 端子会给开关一个正极，使电机继续转，若已复位则 S+ 不提供正极。因此复位电流走向为：

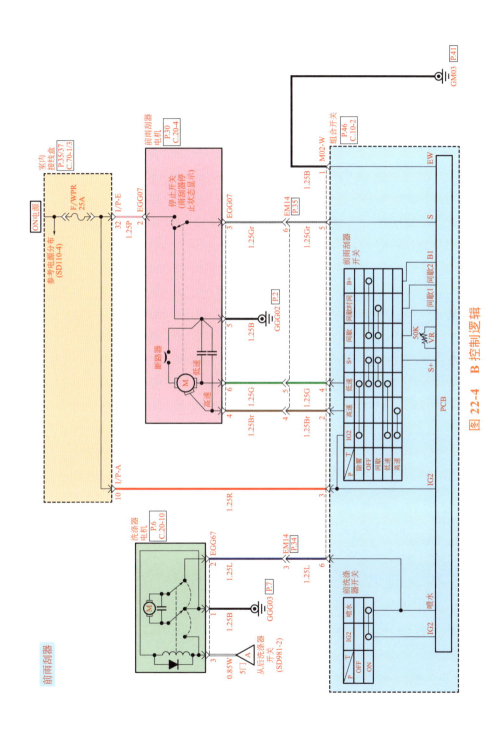

图 22-4 B 控制逻辑

ON 电源→熔丝→熔丝盒 10 号端子→组合开关 3 号端子→PCB 板→PCB 板 S+ 端子→组合开关 4 号端子→雨刮器电机 5 号端子。

（3）间歇挡

间歇挡的间歇时间主要由开关内部的 PCB 板控制，开关拨至间歇挡时，把低速挡正极控制线与 PCB 板 S+ 线连接，此时电机的供电由 PCB 板控制，PCB 板根据间歇时间调整旋钮（图 22-4 中的电位计）来确定每转一次停多久。因此其控制电流为开关拨至间歇挡，接通低速供电与 PCB 板 S+，PCB 板根据电位计的位置来确定间歇时间。PCB 板每次给 S+ 供电后，根据复位信号断开 S+ 供电，根据电位计的位置确定下次供电时刻。

ON 电源→熔丝→熔丝盒 10 号端子→组合开关 3 号端子→PCB 板→PCB 板 S+ 端子→组合开关 4 号端子→雨刮器电机 5 号端子。

（4）低速挡

ON 电源→熔丝→熔丝盒 10 号端子→组合开关 3 号端子→组合开关 2 号端子→雨刮器电机 5 号端子。

（5）高速挡

ON 电源→熔丝→熔丝盒 10 号端子→组合开关 3 号端子→组合开关 4 号端子→雨刮器电机 5 号端子。

第四节　C 控制逻辑

图 22-5 所示为 2013 年款科鲁兹雨刮器电路，可以看出该车的雨刮器是由两个继电器控制的，KR12C 继电器通过 87 和 87A 端子切换电机的高、低速，KR12B 继电器给电机供电，电机的 A 端子给 BCM 反馈电机位置。BCM 通过 X3 插头的 13 号 /20 号 /10 号端子来采集雨刮器开关的信号。BCM 控制两个继电器的闭合状态来实现电机各个转速。

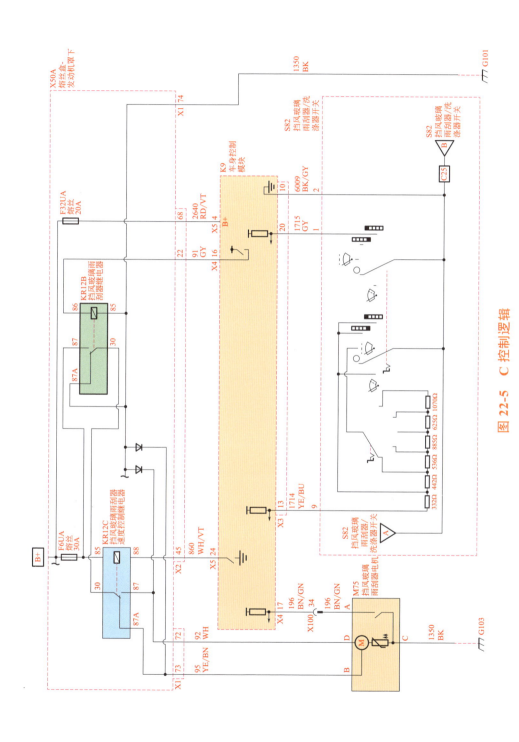

图 22-5 C 控制逻辑

对于逻辑控制的雨刮器电机，就不再去分析其电流走向了，这里了解一下出现故障时的检修思路。

（1）雨刮器没有挡位工作

雨刮器没有任何挡位，优先检查继电器的电源，也就是图 22-5 中的 30A 熔丝，如果熔丝是好的，打开雨刮器开关检查电机相应的端子是否有电，如果有电，需要检查雨刮器电机的负极，如果负极也是好的，那么就是电机坏了。若电机没有正极，那么需要检查继电器的电路以及继电器本身，若继电器没有控制，需要使用解码器读取数据流状态，确定 BCM 已经采集到开关状态，否则检修雨刮器开关电路。如果开关信号可以正常采集到，则应检查 BCM 至继电器的线路，若线路完好，则为 BCM 故障。

（2）雨刮器不复位

雨刮器不复位，优先检查雨刮器电机的复位信号线，由电路图可知，该车型的复位信号线是高、低电位变化的信号，可以使用万用表检查信号线。打开雨刮器电机，使用万用表检查在电机运转时信号线是否有高、低电位变化。如信号线是好的，那么需要检查开关的关闭状态是否正常。若不正常，修复开关信号线。

（3）雨刮器没有间歇挡

这种雨刮器没有间歇挡，一般故障点在复位线，BCM 没有收到电机的复位信号时无法执行间歇挡的工作。还有一个原因是开关信号故障。

第五节　D 控制逻辑

图 22-6 所示为迈腾 B8 的雨刮器电路，这种控制非常简洁，由车身电脑作为主控制单元，雨刮器电机为从控制单元。J519 通过 LIN 总线控制雨刮器电机的动作。这种结构的雨刮器出现故障时，可参照 LIN 总线的故障排除方法。

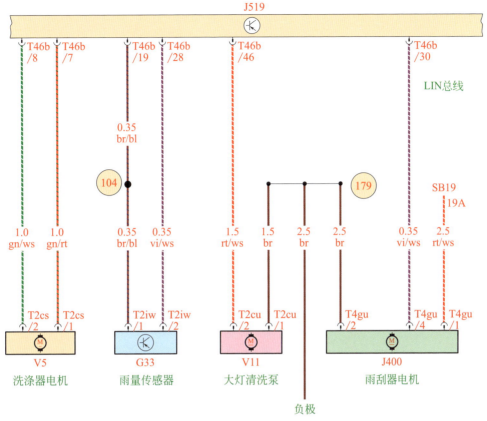

图 22-6 D 控制逻辑

第六节 E 控制逻辑

图 22-7 所示为五菱之光雨刮器电路，这种控制方法在很多低端车中都有应用。其主要特点是有一个雨刮器继电器，在这里可以把雨刮器继电器视为一个小模块来研究。现在看下每个挡位的电流走向。

（1）低速挡

ACC → F12 熔丝 → 组合开关 7 号端子 → 组合开关 8 号端子 → 雨刮器电机 1 号端子 → 雨刮器电机 5 号端子 → 负极。

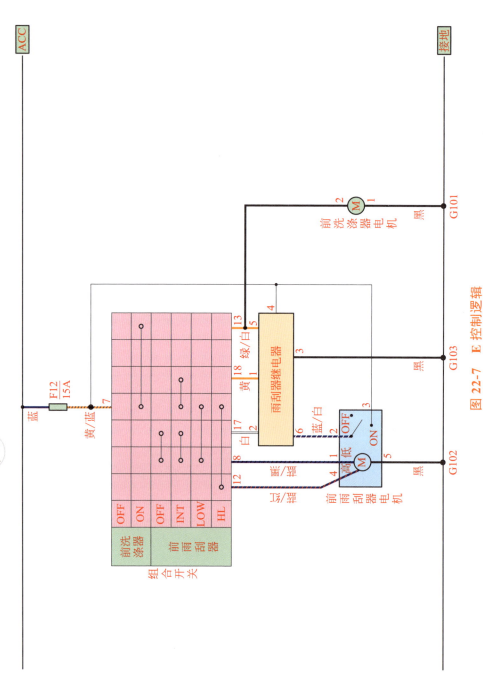

图 22-7 E 控制逻辑

（2）自动复位

若雨刮器电机没有复位，那么电机内部的复位触点是 2 与 3 闭合的，若已复位则断开，因此电流走向为：ACC → F12 熔丝→雨刮器电机 3 号端子→雨刮器电机 2 号端子→雨刮器继电器 6 号端子→雨刮器继电器 2 号端子→组合开关 17 号端子→组合开关 OFF 挡内部触点→组合开关 8 号端子→雨刮器电机 1 号端子→雨刮器电机 5 号端子→负极。

（3）高速挡

ACC → F12 熔丝→组合开关 7 号端子→组合开关 12 号端子→雨刮器电机 4 号端子→雨刮器电机 5 号端子→负极。

（4）间歇挡

间歇挡是依靠自动复位来完成的，组合开关给雨刮器继电器一个激活信号，雨刮器继电器就给低速挡供电，供电后立即断开，依靠自动复位继续运转至回位处，一段时间后再次给低速挡供电，来完成下一次的动作。因此只要看间歇挡是如何给低速挡间歇供电的，然后看复位电流走向即可。

ACC → F12 熔丝→组合开关 7 号端子→组合开关间歇触点→组合开关 18 号端子→雨刮器继电器 1 号端子→雨刮器继电器 3 号端子→负极。此时雨刮器继电器供电完成，接着雨刮器继电器开始给低速挡间歇供电。

ACC → F12 熔丝→雨刮器继电器 4 号端子→雨刮器继电器间歇给 2 号端子供电→组合开关 17 号端子→组合开关 8 号端子→雨刮器电机 1 号端子→雨刮器电机 5 号端子→负极。

第二十三章
汽车天窗电路

重点知识：
- 天窗简介
- 天窗控制电路

第一节　天窗简介

　　汽车天窗作为可以方便换气又能提高车内采光度的实用配置，已经成为购车时的一个重要标准。很多品牌也为了迎合消费者，将天窗作为车型配置的划分标准。天窗分类如图 23-1 ~ 图 23-4 所示。

　　敞篷式天窗结构复杂，根据其天窗材质可分为软顶敞篷和硬顶敞篷。一般都是由液压泵驱动液压缸来完成天窗的开启与关闭。

图 23-1　内藏式天窗

图 23-2　外启式天窗

图 23-3　全景天窗

普通天窗主要由天窗玻璃、天窗电机、传动机构、控制开关构成，如图 23-5 所示。

图 23-4　敞篷式天窗

图 23-5　普通天窗结构

其中，大部分车型天窗电机都是与天窗控制单元合为一体的，也有的天窗电机与天窗控制单元是分开的。天窗电机为天窗的开启与关闭提供动力。通过改变天窗控制电路中的电流方向，实现天窗的开闭功能。

第二节 天窗控制电路

图 23-6 所示为 2012 年款大众朗逸的天窗控制电路。天窗电机是一

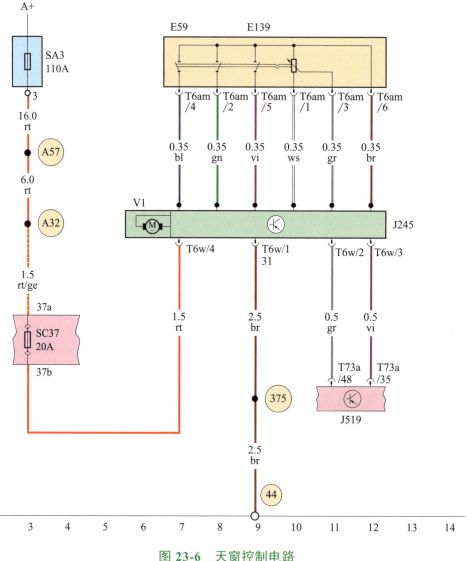

图 23-6 天窗控制电路

A+—蓄电池正极；E59—滑动天窗上升和下降开关；E139—滑动天窗调节器；J245—滑动天窗控制单元；J519—车载电网控制单元；SA3—熔丝架 A 上的熔丝 3；SC37—熔丝架 C 上的熔丝 37；T6am—6 针插头连接；T6w—6 针插头连接；T73a—73 针插头连接；V1—滑动天窗电机；44—接地点（左侧 A 柱下部）；375—接地连接（10，在主导线束中）；A32—正极连接（30，在仪表板导线束中）；A57—正极连接 3（30，在仪表板导线束中）

个带模块控制的电机（逻辑控制电路），天窗电机的供电为4号端子（正极）和1号端子（负极），天窗电机通过6根线采集天窗开关的位置信息。天窗电机有两根线接通J519，其中一根为唤醒线，另一根为数据线（J519获取天窗电机的一些故障码，例如天窗电机未复位）。整个控制电路还是比较简单的。

如果天窗不能正常工作，除了天窗的机械部件以外，在电路方面，需要检查的是天窗电机以及天窗的开关信号采集线路，注意天窗电机断电或者重新安装后需要重新设置。这里讲解一下朗逸的天窗复位方法。

调整滑动天窗的驱动装置（零位置）。如果在滑动天窗未处于零位置时拆下驱动装置或用紧急操作扳手关闭或打开了滑动天窗，就需要调整零位置。

驱动机械已拆下，但是电气插头仍然连接着。
选择旋转开关上的自动"打开天窗"功能。
选择旋转开关上的自动"关闭天窗"功能。
选择旋转开关上的自动"倾斜天窗"功能。
选择旋转开关上的自动"关闭天窗"功能。
在滑动天窗关闭时，在此位置上安装驱动装置（零位置）。

第二十四章
汽车转向灯电路

重点知识：
- 转向灯电路控制原理
- 转向灯电路检修方法

第一节　带闪光器的转向灯电路

（1）五菱之光转向灯电路

图 24-1 所示为五菱之光转向灯电路，很多低端车型也是使用的这个控制逻辑，因此掌握这个电路的维修技巧，可以对很多国产低端车型的转向灯电路进行检修。

这个电路主要是由闪光器、组合开关构成。闪光器共有三个端子，一般在实物上面标有 B、E、L，对应图 24-1 中的端子，1 号端子为 L（输出），2 号端子为 E（接地），4 号端子为 B（电源）。闪光器的电源和负极接上后，L 端子通过灯泡接地，灯泡就会闪了。

组合开关由左转向灯开关、右转向灯开关及报警灯开关组合而成。打开左转向灯开关时，开关会把闪光器的输出端子 L 与左转向灯接通，打开右转向灯开关时，开关会把闪光器的输出端子 L 与右转向灯接通。闪光器的供电由报警灯开关提供，报警灯开关有两挡，在关闭（OFF）时给闪光器提供 ACC 电，在打开（ON）时给闪光器提供常电。

❶ 各挡位的电流走向。

a. 左 / 右转向灯：IGN1 → F13 熔丝 → 组合开关 14 号端子 → 报警灯开关触点 → 组合开关 22 号端子 → 闪光器 4 号端子 → 闪光器 2 号端子 → 负极。

此时闪光器得电开始工作，通过 1 号端子输出：

闪光器 1 号端子输出 → 组合开关 4 号端子 → 左转向灯开关触点（L）→ 组合开关 5 号端子 → 左转向灯泡 → 负极；

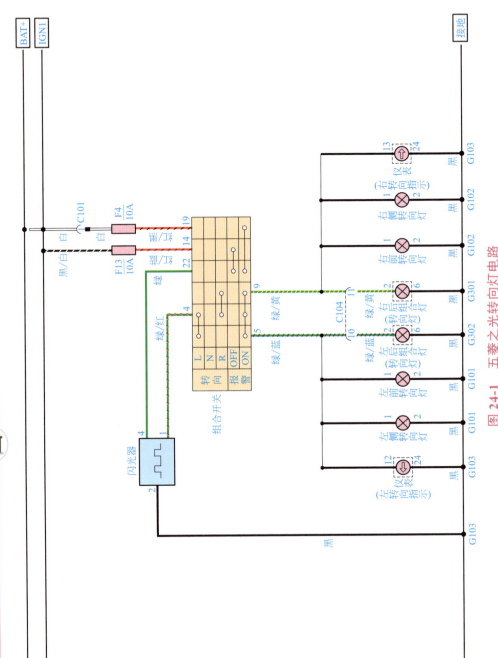

图 24-1 五菱之光转向灯电路

闪光器 1 号端子输出→组合开关 4 号端子→右转向灯开关触点（R）→组合开关 9 号端子→右边转向灯泡→负极。

b. 报警灯：BAT+ → F4 熔丝→组合开关 19 号端子→报警灯开关触点→组合开关 22 号端子→闪光器 4 号端子→闪光器 2 号端子→负极。

此时闪光器得电开始工作，通过 1 号端子输出：

闪光器 1 号端子输出→组合开关 4 号端子→报警灯开关内部触点（L/R）→组合开关 5 号 /9 号端子→左 / 右转向灯泡→负极。

❷ 左、右转向灯不亮的检修步骤。

a. 用试灯检测 F13 熔丝是否完好，无问题转至下一步骤。

b. 找到闪光器的 4 号端子检测供电，无问题转至下一步骤，有问题转至步骤 g。

c. 用试灯检测闪光器的 1 号端子，观察试灯是否闪烁，有问题转至下一步骤，无问题转至步骤 e。

d. 检测闪光器负极，有问题检测负极线路，无问题则更换闪光器。

e. 用试灯检测组合开关的 5 号端子，观察试灯是否闪烁，闪烁进行下一步骤，不闪检测闪光器 1 号端子到组合开关 5 号端子之间的线路。

f. 打开组合开关左 / 右转向灯开关，检测 5 号 /9 号端子，观察是否可以使试灯闪烁，可以则检测组合开关至灯泡点亮，不可以则更换开关。

g. 检测组合开关 22 号端子，观察是否可以点亮试灯，可以则检查组合开关 22 号端子至闪光器 4 号端子供电，不可以则转至下一步骤。

h. 检测组合开关 14 号端子是否可以点亮试灯，可以则更换组合开关，不可以则检测组合开关 14 号端子至 F13 线路。

（2）比亚迪L3转向灯电路

图 24-2 所示为比亚迪 L3 转向灯电路，可以看出左右两边的转向灯都是由闪光器输出控制的，闪光器有两个端子到了组合开关检查开关的动作，闪光器也有一组电源，因此在这里可以把该电路按照一个逻辑电路来理解。

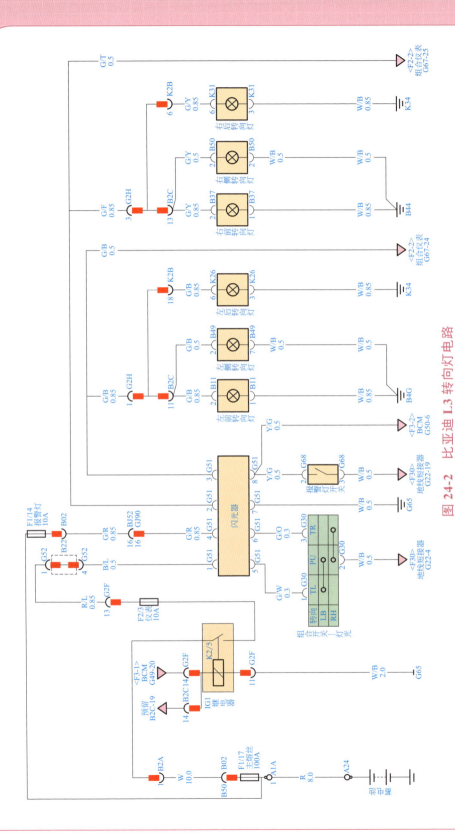

图 24-2 比亚迪 L3 转向灯电路

现在很多低端车型中没有车身电脑，闪光器也不是那种三端子的闪光器，大部分车型会把闪光器集成在其他功能的模块中，例如中控盒，还有的就集成在双闪开关内部。如果在模块内部，或者如图24-2所示是独立的一个小模块来控制转向灯的电路，都按照逻辑电路分析即可。

按照逻辑电路分析这个转向灯电路就比较简单了。

❶ 电源部分。图24-2中的闪光器有两个正极，分别是1号和4号端子，其中1号端子是ACC电源，4号端子是常电源。ACC是为转向灯提供电源的，常电源是为报警灯提供电源的。它们的公共负极是7号端子。

❷ 开关部分。闪光器通过9号、5号端子采集左、右转向灯开关信号，通过8号端子采集报警灯开关的信号。

❸ 执行器部分。闪光器通过3号、2号端子分别给左、右两边的转向灯供电。

如果出现转向灯电路故障，首先检查模块电源，然后检查开关信号输入状态是否正常，最后检查输出部分即可。

第二节　由车身电脑控制的转向灯电路

图24-3所示为大众POLO部分转向灯电路，可以看出该转向灯是由J519车身电脑控制的。这种控制方法是现在比较常见的一种，在很多车型上都有应用。

这是一种简单的逻辑控制电路。J519车身电脑采集转向灯信号以及报警灯信号去控制转向灯的闪烁，同时还能根据遥控信号和防盗触发以及急刹车或者碰撞信息触发转向灯闪烁。这些功能主要取决于BCM的编程信息，是由厂家设定好的。后期也有的车型可以通过解码器进行修改。

在检修这种控制电路时，先要保证模块可以正常工作。然后可以借助解码器读取BCM的开关输入信号，确定控制电路是否正常，从中找到排除故障的方向。

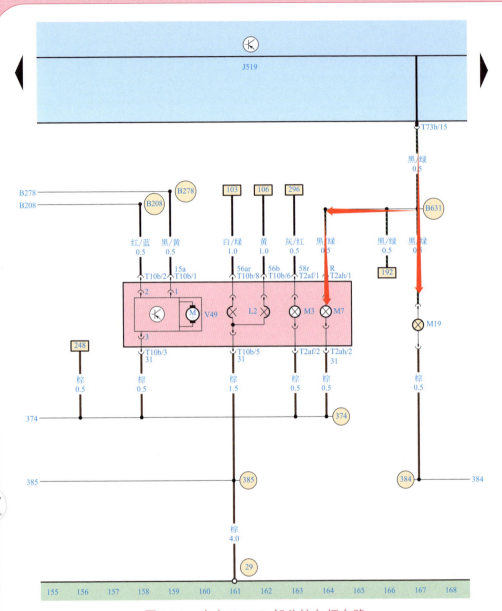

图 24-3 大众 POLO 部分转向灯电路

第二十五章
汽车安全气囊电路

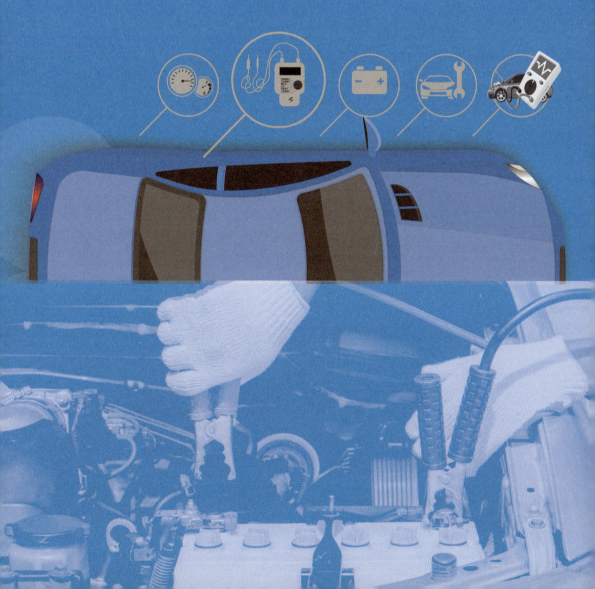

> 重点知识：
> - 安全气囊结构
> - 安全气囊电路
> - 常见故障检修

第一节　安全气囊结构

安全气囊是在车辆发生碰撞时保护乘员的一种安全装置。车辆发生碰撞的一瞬间，由安全气囊电脑通过碰撞传感器感知车辆碰撞强度，在0.03s的时间内打开气囊，缓冲乘员受到的冲击，之后将气囊中的气体放出。安全气囊主要由以下部件组成。

（1）碰撞传感器（图25-1）

图 25-1　碰撞传感器

碰撞传感器是安全气囊系统中主控制信号输入装置，在汽车发生碰撞时，由碰撞传感器检测车辆碰撞强度信号，并将信号输入安全气囊电脑，安全气囊电脑根据碰撞传感器的信号来判断是否要使气囊充气。

（2）气囊电脑（图25-2）

图 25-2　气囊电脑

气囊电脑是安全气囊的控制中心，主要是用来接收碰撞传感器的信号，计算出碰撞强度，看是否要打开安全气囊。现在汽车很多都配置车辆稳定系统，车辆稳定系统需要车辆横向加速度传感器与纵向加速度传感器，有的也称横摆率传感器。该传感器一般安装在车辆的中轴线上，也有的安装在安全气囊电脑内部，所以安全气囊电脑也可能是车辆稳定系统的一部分。

（3）气囊组件（图25-3、图25-4）

气囊组件是整个安全系统中最终的执行器，一般根据车辆配置不同会有数量上的差异，配置越高的车型气囊组件配备越多。气囊组件内部有点火药粉和气体发生剂。当气囊电脑接通引爆电路时，电流经过电子雷管使其快速发热并引爆，引爆的火药快速扩散到点火药粉和气体发生剂，产生大量气体，气体经过滤网冷却过滤后进入气囊内部，气囊急剧膨胀，冲破饰板，以减缓乘员受到的冲击。

图 25-3　气囊组件实物

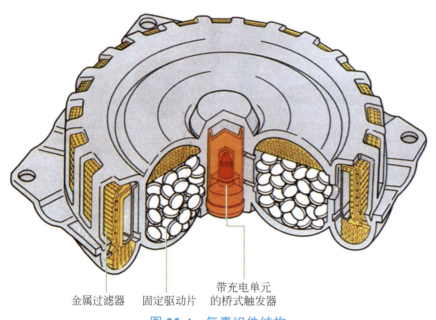

图 25-4　气囊组件结构

（标注：金属过滤器、固定驱动片、带充电单元的桥式触发器）

（4）气囊游丝（图25-5）

图 25-5　气囊游丝

气囊游丝安装在方向盘下面。方向盘在工作时有一个 5～6 圈的自由活动量，因此安装在方向盘上面的安全气囊组件布线比较困难。工程师们设计了一个可以自由转动 6～7 圈的导线组件，俗称气囊游丝、时钟弹簧等，实际上它就是一根导线，下面和上面各带一个插头。

目前汽车多采用多功能方向盘，一般多功能方向盘的导线也是通过气囊游丝连接的。

第二节　安全气囊电路

图 25-6～图 25-10 所示为 2012 年款大众朗逸的安全气囊电路，气囊电脑接收驾驶员侧与前乘客侧安全气囊碰撞传感器的信号，检测汽

车是否发生碰撞以及碰撞的强度，同时通过监测前乘客座椅占用传感器的信号来识别前乘客座椅是否被占用，如果没有被占用，在发生碰撞时则没有必要打开前乘客侧气囊。可以看出驾驶员和前乘客安全带也是有气囊的，它的作用是在发生事故时立即引爆，拉紧安全带以保护乘员，所以汽车发生碰撞事故后安全带就会卡死。

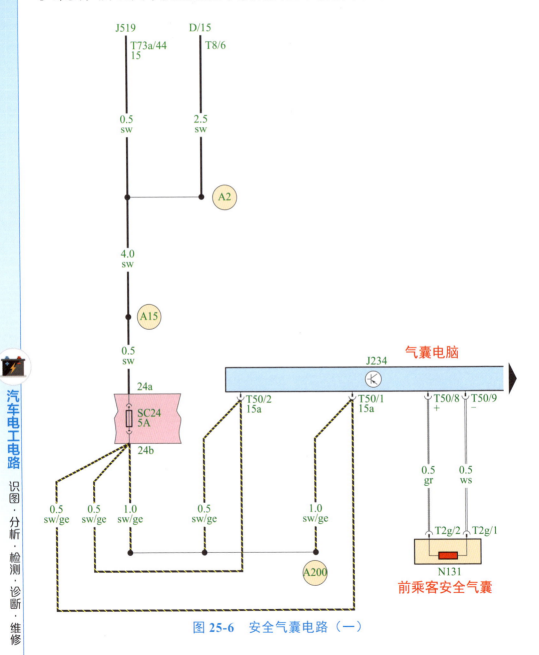

图 25-6　安全气囊电路（一）

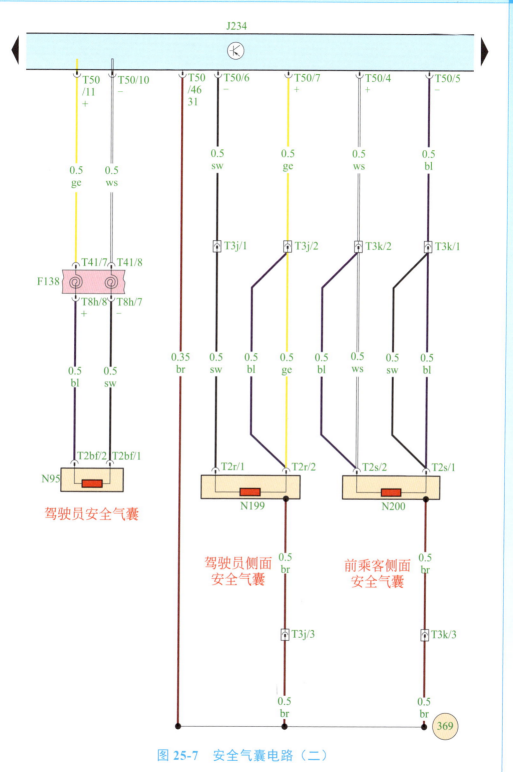

图 25-7 安全气囊电路（二）

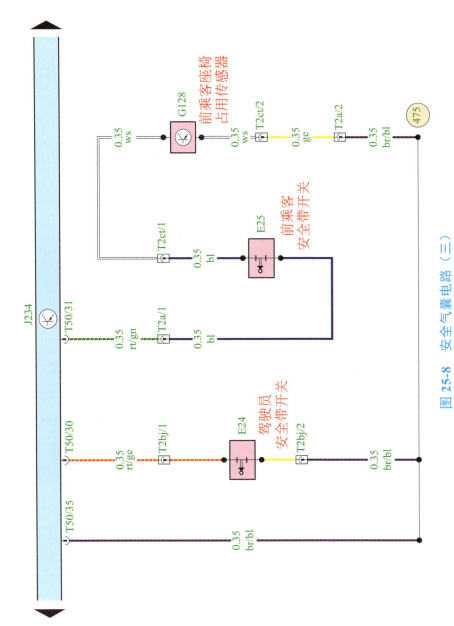

图 25-8 安全气囊电路（三）

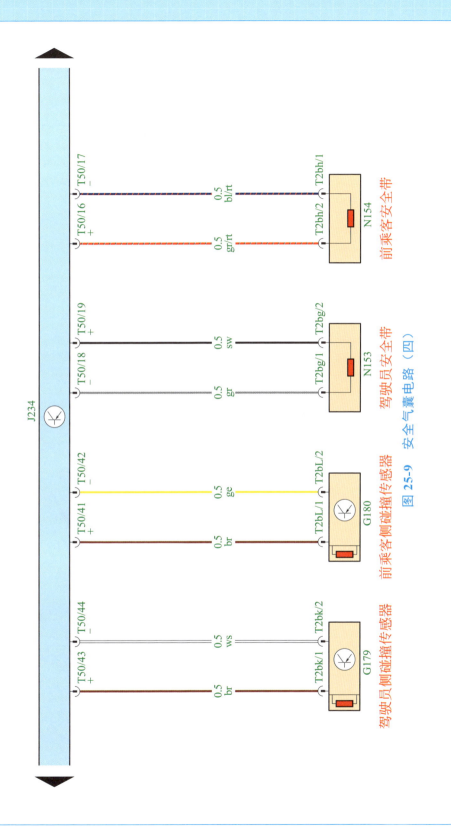

图 25-9 安全气囊电路（四）

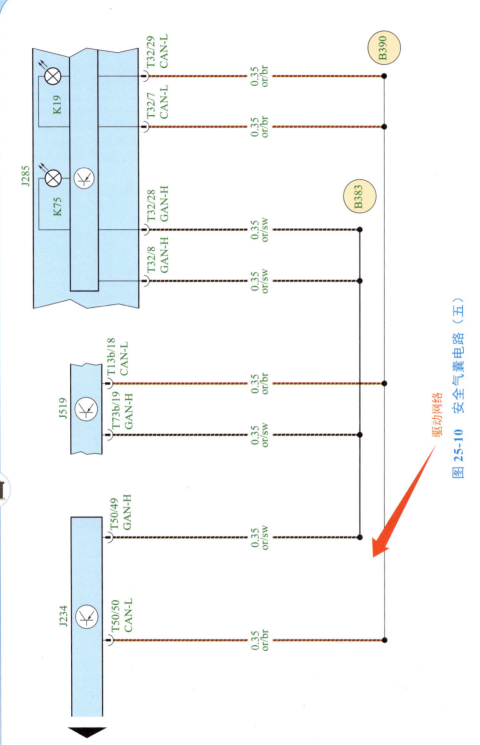

图 25-10 安全气囊电路（五）

第三节 常见故障检修

汽车安全气囊电脑通过监测安全气囊的阻值来判断安全气囊组件是否正常。一般常见的安全气囊组件的电阻为 2 ~ 3Ω，但是气囊组件是通过电流触发的，万用表是利用检测电阻的电流大小来判断电阻的阻值的，因此不建议使用万用表电阻挡来测量气囊组件的电阻，即使现在用的数字式万用表是高阻态的，仍有引爆气囊组件的风险。

（1）气囊阻值过大

❶ 气囊组件损坏。使用一个 2 ~ 3Ω 的电阻替换气囊组件串联至气囊插头中（图 25-11），清除故障码，测试是否可以排除故障，若可以，即气囊组件损坏了。

图 25-11　用电阻替换气囊组件

❷ 气囊电脑至气囊组件的线路开路。在上一步骤中，若使用电阻替代了气囊组件，依然有气囊电阻过大的故障码，那么很可能是气囊电脑到气囊组件的线路出现了开路。这时需要读取气囊电脑内部的数据流来判断线路是否出现开路（图 25-12）。一般开路的数据流里面会显示该气囊组件电阻为无穷大。

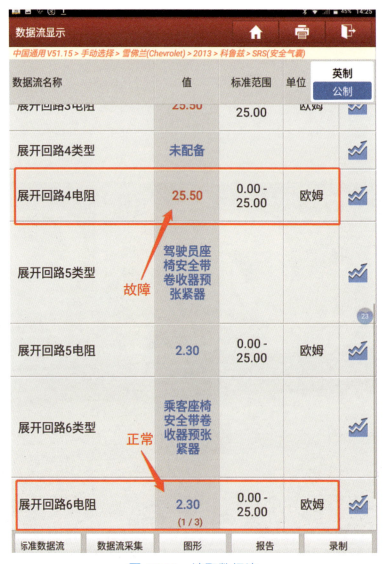

图 25-12 读取数据流

❸ 气囊电脑至气囊组件的线路虚接。在上一步骤中，若读取

的数据流中显示电阻不是无穷大，例如串联在线路中的电阻为 2~3Ω，数据流里面显示的电阻为 6Ω，那么还有 3Ω 左右电阻一定是线路中的电阻，因此需要重点排查气囊电脑到气囊组件的各个插头是否虚接。

（2）气囊阻值过小

图 25-13 所示为驾驶员安全气囊组件，可以看到在插头内部有弹簧片，弹簧片的作用是防止气囊拆下后因为静电导致气囊误爆。在拔掉气囊插头后金属片把气囊的端子短接起来，防止气囊拆下后因为静电误爆。插上插头后，在插头端有一个塑料片会把金属片推开。这个装置在气囊电脑至气囊端所有插头上都有。

图 25-13 驾驶员安全气囊组件

出现气囊电阻过小的故障很多都是因为插头的塑料片断了，无法推开金属片，或者气囊插头进水了。检修气囊电阻过小的故障时，可以依次从气囊组件上拔掉气囊插头，清一次故障码再读一次，若变为阻值过大则应检查该插头。

第二十六章 ABS系统电路

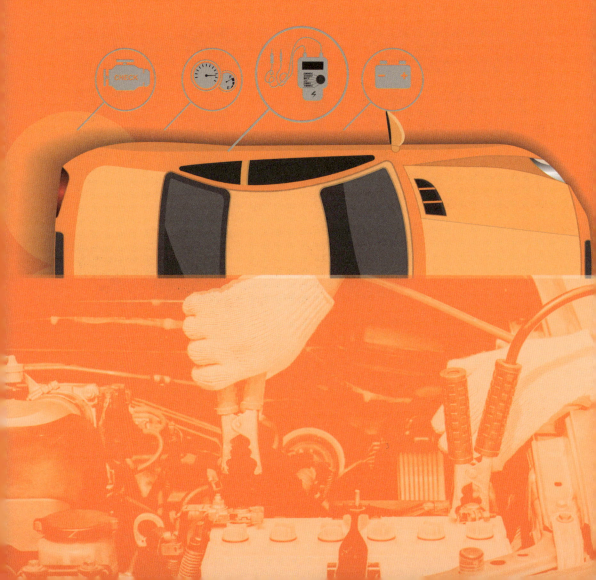

> 重点知识：
> ◁ ABS 系统工作原理
> ◁ 常见故障检修

第一节 ABS 系统工作原理

车辆在湿滑的路面制动时，或紧急制动时，车轮很容易抱死，这样驾驶员就失去了对转向的控制能力，同时车辆会发生严重的甩尾甚至失控，而且车辆的制动距离还会变远。因此在车辆制动时要尽可能不让车轮抱死，以保证车辆的行驶安全。

目前汽车基本上都配备了 ABS 系统。ABS 系统由制动压力调节装置（调压电磁阀、电动泵和储液室）、ECU（和调压装置在一起）、轮速传感器、故障指示灯等组成（图 26-1）。

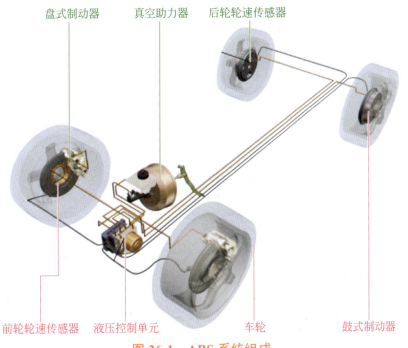

图 26-1　ABS 系统组成

ECU检测车轮的转速,如果在制动时车轮发生抱死,ECU立即控制调压电磁阀来减弱制动力,当车轮失去了制动力继续转动时,ECU又去控制电动泵打压重新给车轮施加制动力,这样车轮就一直在转与不转之间保持着平衡,从而保证了车轮不会抱死,也不会失去制动力。

第二节 常见故障检修

(1)磁电式轮速传感器检修

图26-2和图26-3分别为磁电式轮速传感器的实物与工作原理。磁电式传感器是一个永磁铁上绕制的线圈,把传感器安装在信号盘附近,其间隙在2mm左右,不可太远。当信号盘转动时,传感器内部永磁铁的磁场强度就会发生变化,线圈感应到磁场变化,产生一个感应电动势,如图26-4所示。可以看到,这是一个标准的正弦波,信号盘的一个齿顶与一个齿底经过传感器时,传感器刚好发出一个周期的信号。

图26-2 磁电式轮速传感器实物

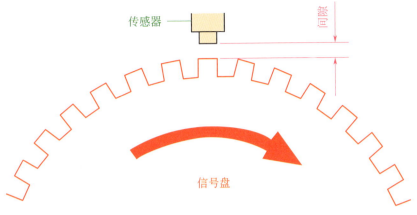

图 26-3　磁电式轮速传感器工作原理

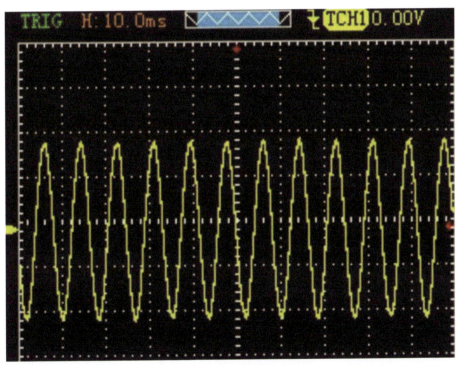

图 26-4　感应电动势波形

　　磁电式传感器的信号频率代表了车轮的转速，且车轮转速越高，信号的幅值越大。在车轮低速旋转时，信号的幅值就较低。为了防止车轮在低速旋转时信号被干扰，ABS 电脑会在传感器的两根线上都加载一个基准电压，一般对地测量都是 2.3V 左右，具体车型不同可能略有不同。

仪表板上亮起 ABS 故障指示灯时,通过解码器可以读取到哪一个车轮出现了故障,此时可以通过 ABS 系统的数据流来观察车轮转速是否正常。如果不正常,需要对 ABS 传感器以及线路进行检查,具体步骤如下。

❶ 先拔下传感器插头,检查传感器两根线之间的电阻是否在合理范围内,一般在 800Ω 左右。如果不在这个范围内,可能是线圈开路或者断路导致的,需要更换。

❷ 检查 ABS 插头到 ABS 电脑之间的线路是否有开路或对地短路的故障。可以利用磁电式传感器的特点来检查。使用万用表的 20V 电压挡分别测量两根线对地的电压来判断线路是否有故障。如果不正常,则需要测量导线的电阻来判断。

❸ 检查传感器与信号盘之间的间隙是否正常,不正常需要调整至正常间隙。

❹ 使用万用表的交流电压挡检查传感器信号电压,条件是要转动车轮。车轮转速越高,信号电压就越高。

❺ 如果以上都正常,依旧没有速轮信号,就需要使用示波器检查传感器的信号了。观察传感器的信号波形是否正常。当然最快捷的方法肯定是左右对调验证,所以在修车时要活学活用。

(2)霍尔式轮速传感器检修

两线制霍尔式传感器的插头只有两个接线端子,这不同于三线制霍尔式传感器。根据霍尔式传感器的工作原理,它需要有电源信号。一般两线制霍尔式传感器输出信号是电流型的,即高、低电流值分别对应传感器的开启与关闭。在 ABS 模块内设置了一个采样电阻(一般为 75Ω),通过采样电阻把电流信号转变为电压信号,输送给 ABS 模块(图 26-5)。

由于两线制霍尔式传感器与传统三线制霍尔式传感器电路原理不同,其检修方法有很大区别,厂家推荐的检修方法如下。

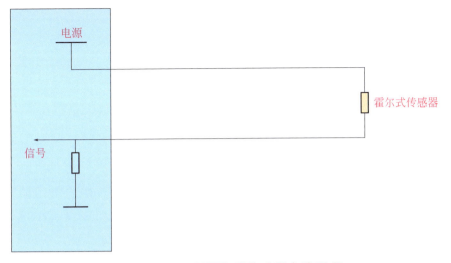

图 26-5　两线制霍尔式传感器电路原理

一个12V直流电源、一个75Ω电阻、一个万用表、示波器、导线等，按照图 26-6 所示连接。测量 A、B 之间的电压。转动车轮，应该会有一个电压变化。低电压约为 0.54V，高电压约为 1.07V。但是这种检测方法过于繁琐，不太实用。

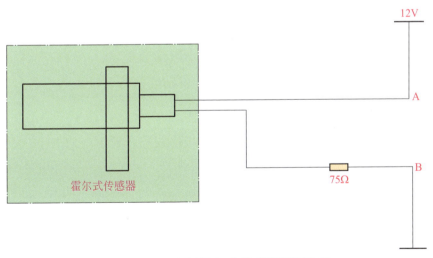

图 26-6　两线制霍尔式传感器检测方法

通过对两线制霍尔式轮速传感器的结构原理分析，对比厂家推荐的检修方法，下列检修方法更简便实用。

若 ABS 系统故障时，通过诊断仪读取故障码及数据流，经诊断分析确认故障原因在于某个两线制霍尔式轮速传感器信号异常后，首先检查轮速传感器的线路及 ABS 模块，随后检查传感器自身及其触发信号装置（信号轮或磁性转子）。

❶ 外观检查。关闭点火开关，拔下怀疑有故障的轮速传感器插头，检查插头的连接情况；检查轮速传感器或触发信号装置，观察是否吸附了金属铁屑等，检查两者之间的间隙是否正确。

❷ 轮速传感器与 ABS 模块的连接线路检查。用万用表的电阻挡测量轮速传感器线束侧插头（公端）的两个端子与 ABS 模块对应端子的电阻，正常值应小于 0.5Ω。

❸ 电阻测量。关闭点火开关，拔下轮速传感器的插头。在传感器侧插头（母端）上测量 1 号与 2 号端子之间的电阻。在线束侧插头上测量 1 号端子与搭铁之间的电阻，标准值为 75Ω 左右，该测量值为采样电阻的阻值。

❹ 供电电压测量。关闭点火开关，拔下轮速传感器的插头。点火开关处于 ON 位置，在线束侧插头（公端）测量 2 号端子的供电电压。注意，相关线路正常的情况下，此时的测量值为 0V，说明两线制霍尔式轮速传感器在上述情况下（拔下传感器插头）是测量不出供电电压的。

正确的测量方法是插上轮速传感器的插头，在插头上的 2 号端子处插上一根探针，点火开关处于 ON 位置，用万用表测量探针处的电压，测量值应接近 12V 电源电压。若测量值正确，说明 ABS 模块的供电以及 ABS 模块与轮速传感器 2 号端子之间的线路正常。

（3）信号盘的认识

图 26-7 所示为较常见的齿圈式信号盘实物，信号盘安装在轴头上面。一般配合使用的传感器大部分是磁电式传感器，也有霍尔式传感器。无论是哪一种传感器，匹配此信号盘的传感器一定有磁性，使用金属部件可以轻松识别出来。

该信号盘在更换时需要注意的是信号盘的齿数是否与原车一致。切不可安装齿圈齿数不一致的信号盘，这将会导致传感器识别的车轮轮速与实际不符。

图 26-7　齿圈式信号盘实物

图 26-8 所示为常见的车轮轴承实物，本田车型就使用这种结构的轴承。这种轴承有一个磁性转子，安装在轴承端面上，与轴承同步运转。磁性转子由内置带磁性离子的橡胶制成，N、S 极按圆周方向均匀布置（图 26-9）。当车轮转动时，磁性转子同步旋转，使穿过霍尔式传感器内部的霍尔元件的磁力线密度发生变化，根据楞次定律也会产生霍尔电压。

图 26-8　车轮轴承实物

这种轴承在安装时，一定要注意带有磁性的一端与传感器端面安装在一起，切勿安装反了。

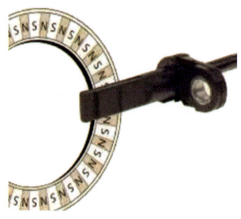

图 26-9　磁性转子 N、S 极的布置

第二十七章 汽车发电机电路

重点知识：
- 发电机工作原理
- 控制逻辑与常见故障检修

第一节　发电机工作原理

汽车的供电电源由汽车发电机（图 27-1）与蓄电池并联组成，蓄电池在发动机熄火状态下给车辆用电器提供电能，同时在车辆启动时为起动机提供电能，让发动机启动。发动机启动成功后就会驱动发电机发电。发电机在发电状态下会为蓄电池充电，同时给整车供电。

图 27-1　发电机实物

汽车发电机是三相交流发电机，发出的电是三相交流电。那么发电机是如何发电的？三相交流电又是如何变成直流电的？

发电机由定子、转子、整流桥等几个关键的部件构成。定子与转子均是由线圈绕制的，整流桥是由硅二极管制作的。如图 27-2 所示，给转子通电，转子就会形成一个磁场。此时如果发电机的转子随着发动机旋转，那么这个磁场就是一个旋转的磁场。与之对应安装在转子外面的线圈是一个定子线圈，定子线圈由三组线圈构成，它们之间相互错开 120°，三组线圈按照三角形接法引出三个抽头。在转子旋转时，定子线圈的三个抽头就能感应出一个相位相差 120° 的交流电。这个交流电经过整流桥的桥式整流电路后变成了 14V 直流电给整车供电。

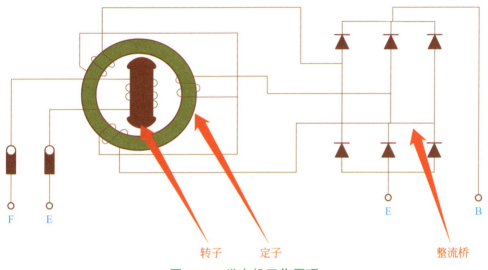

图 27-2　发电机工作原理

发电机的转子是随着发动机旋转的，发动机转速越高则发电机输出电压就越高，发动机转速越低则发电机输出电压就越低。但是我们需要发电机始终输出一个稳定的 14V 电压。这样就需要一个能调整输出电压的装置。那么如何调整电压呢？其实只需要调整转子的励磁电流就可以了。根据励磁电流来调整输出电压的装置称为电压调节器，电压调节器按照安装位置不同分为内置式调节器和外置式调节器。现在汽车上基本已经看不到外置式调节器了，所以不再介绍。内置式电压调节器如图 27-3 所示，其安装在发电机的后部。电压调节器上面有两个炭刷，这两个炭刷直接压在转子上，给转子提供励磁电流。电压调节器的供电根据车型电路结构不同而不同，具体看后面的各个车型的发电机电路控制逻辑。

图27-3　内置式电压调节器实物

第二节　控制逻辑与常见故障检修

（1）A控制逻辑

图27-4所示为五菱之光的发电机电路。发电机上只有两根线：一根是B+线，它是发电机的输出线；还有一根L线，它在发动机定义中都是发电机指示灯线，基本上所有发电机都是这样的，L线另外一端与仪表连接起来。仪表内的指示灯一端接在正极，一端接在发电机的L端子。L端子如果没有发电则是负极，此时蓄电池指示灯点亮；如果发电机发电了，这个端子就是正极，蓄电池指示灯熄灭。

这种发电机控制电路称为自励式控制电路。转子的励磁线来自发动机的B+端子，因此发电机是否发电与L端子无关。

（2）B控制逻辑

图27-5所示为哈弗H6的发电机电路。可以看出发电机的端子共有三根线：B+线是发电机输出线；L线依旧是指示灯控制线；点火开关打开IG线有电，IG线在有的车型中也称F励磁线。采用这种控制方法的发电机也称它励式发电机。

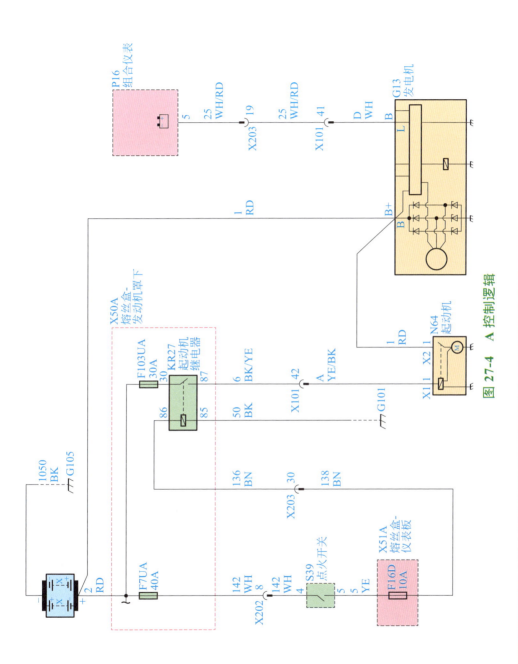

图 27-4 A 控制逻辑

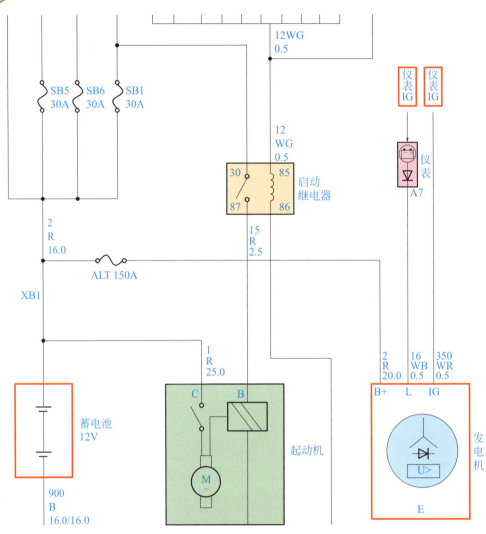

图 27-5 B 控制逻辑

在检修这种发电机不发电的故障时,需要注意 IG 端子的电压是否正常。如果没有电压,则发电机就失去了励磁,也就不会发电。

(3) C 控制逻辑

图 27-6 所示为大众朗逸的发电机电路,发电机共有三个端子,分别为 B+ 与 T2ax 插头上的两个端子。同理, B+ 线一定是发电机输出线。一根去发动机电脑的线称为 DFM 线,它是发电机通过占空比信号向发动机电脑报告自身的负荷情况的线。如有必要,发动机电脑会提升发

动机转速。还有一根去车身电脑的是蓄电池指示灯信号线，车身电脑根据蓄电池指示灯信号线的电压，来判断当前发电机是否正常工作，如果电压过低，会适时切断车辆上的一些大负荷用电器。

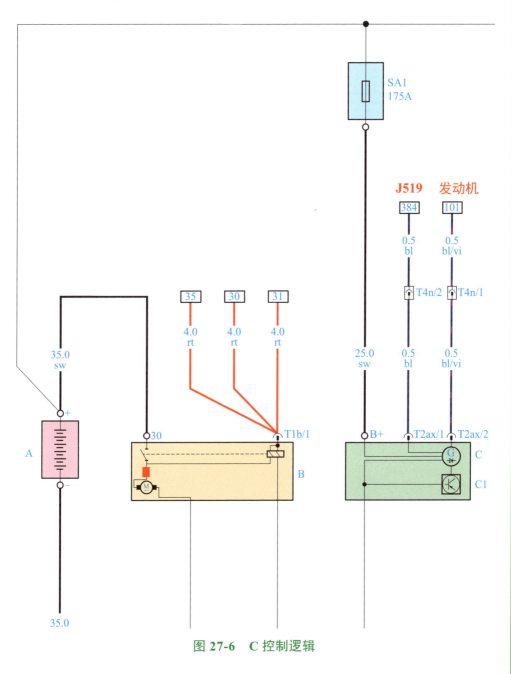

图27-6　C控制逻辑

（4）D控制逻辑

图27-7所示为科鲁兹的充电系统电路，它由蓄电池电流传感器、车身电脑（车身控制模块）、发动机电脑（发动机控制模块）、发电机构成了一个电源管理系统。这套系统能根据当前车载电网负荷状态来实时调整发电机的输出电压。同时电源管理系统将执行以下三个功能：监测蓄电池电压并估计蓄电池的状态；通过提高怠速转速和调节稳定的电压采取校正动作；进行诊断并提醒驾驶员。

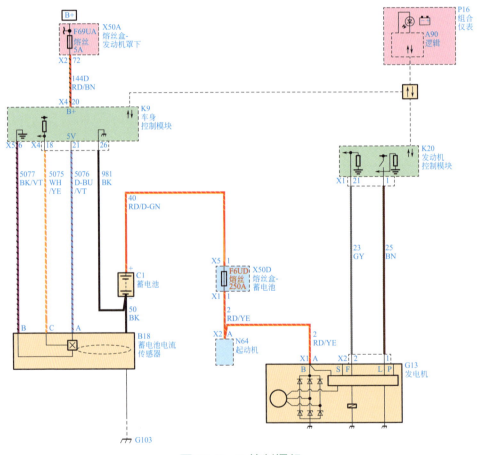

图27-7　D控制逻辑

充电系统各部件功能如下。

❶ 发电机。它是可维修的部件。如果诊断出发电机故障，则必须将它作为一个总成更换。发动机传动带驱动发电机。当转子旋转

时，它将使定子绕组产生交流电（AC），交流电通过一系列二极管整流，转换成直流电（DC），供车辆电气系统使用，以维持电气负载供电和蓄电池充电。电压调节器与发电机控制装置集成为一体，控制着发电机的输出。它是不可维修的。电压调节器控制供给转子的电流量。如果发电机磁场控制电路故障，则发电机默认输出电压为 13.8V。

❷ 车身控制模块（BCM）。它是一个 GMLAN 装置。它与发动机控制模块（ECM）和仪表板组合仪表（IPC）通信，以进行电源管理（EPM）操作。车身控制模块确定发电机输出，并发送信息到发动机控制模块，以控制发电机接通信号电路。它监测来自发动机控制模块的发电机磁场占空比信号电路信息，以控制发电机。它监测蓄电池电流传感器、蓄电池正极电压电路，并估计蓄电池温度以确定蓄电池充电状态（SOC）。车身控制模块进行怠速提高。

❸ 蓄电池电流传感器。它是一个可维修的部件，它在蓄电池处与蓄电池负极电缆连接。蓄电池电流传感器是一个三线制霍尔式电流传感器。蓄电池电流传感器监测蓄电池电流。它直接输入到车身控制模块中。它产生一个 128Hz、占空比为 0～100% 的 5V 脉冲宽度调制（PWM）信号。正常的占空比在 5%～95% 之间。0～5% 和 95%～100% 之间的占空比用于诊断目的。

❹ 发动机控制模块（ECM）。发动机运行时，发动机控制模块将发电机接通信号发送至发电机以打开调节器。发电机电压调节器通过控制转子的电流从而控制输出电压。转子电流与调节器供给的电脉冲宽度成正比。发动机启动后，调节器通过内部导线检测定子上的交流电压从而感测发电机的转动。一旦发动机运行，调节器通过控制脉冲宽度来改变励磁电流。这就能调节发电机输出电压，使蓄电池正常充电以及电气系统正常运行。发电机磁场占空比端子内部连接到电压调节器，外部连接到发动机控制模块。当电压调节器检测到充电系统故障时，它将搭铁此电路以通知发动机控制模块存在故障。发动机控制模块监测发电机磁场占空比信号电路，并接收基于车身控制模块信息而作出的控制指令。

总结

这种控制逻辑在很多车型上都有应用,主要是由发动机电脑或者车身电脑根据当前车辆的用电量来调节发电机的发电电压(占空比调节),同时发电机还会反馈一个信号给发动机电脑或者车身电脑,告知自己现在的负荷状态。

(5)E控制逻辑

图27-8所示为宝马3系的发电机电路,在很多高端车型的发电机

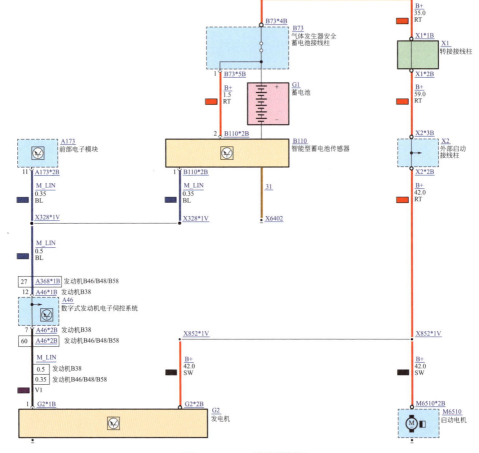

图27-8 E控制逻辑

控制电路中都采用的是这种控制方法，其控制逻辑与科鲁兹的控制逻辑区别不大，只不过实际控制发动机的线被改成了 LIN 总线，在宝马车型中称为 BSD 总线，实际就是 LIN 总线控制。

这种电路在发电机与发动机电脑失去通信后，发电机的电压就不能跟随车辆的用电负荷而改变，会以一个固定的电压发电。

这种发电机若有故障，按照通信类故障检修即可。

第二十八章 汽车起动机电路

重点知识：
- 起动机结构原理
- 常见故障检修

第一节 起动机结构原理

汽车起动机是用来拖动发动机从静止状态至工作状态。起动机由以下三部分构成（图28-1）。

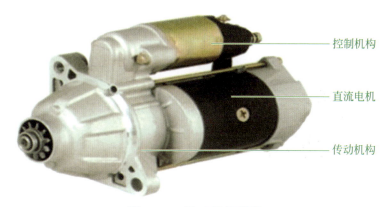

图 28-1 起动机的结构

（1）控制机构（吸铁开关）

它的作用有两个：一个是接通直流电机的正极与控制器端的30号端子；另一个是控制机构动作时，会推动传动机构与飞轮的啮合。

（2）直流电机

它的作用是把来自蓄电池的电能转变为机械能，用于拖动发动机旋转。

（3）传动机构

它的作用是减速增加扭矩且把来自直流电机的旋转传递给发动机飞轮，并在发动机启动成功后自动脱离。

第二节　常见故障检修

起动机的控制电路主要是控制起动机的工作与否。如图 28-2 所示，起动机有两个接线柱，粗些的是 30 号端子，它与蓄电池正极连接，另外一个是 50 号端子，称为控制端。一般只要给 50 号端子一个正极，电磁开关就会动作，接通电磁开关的 30 号端子与直流电机的通路，直流电机开始工作。同时，电磁开关还会通过杠杆推动传动机构与飞轮啮合，保证直流电机的旋转能传递至飞轮。

在最基本的控制电路中，起动机的 50 号端子是由点火开关的 START 挡直接控制的（图 28-2）。这种控制电路比较简单，但是线路较易老化，从而出现起动机启动时发出"嗒嗒"声。一般解决方法是在启动线路中增加一个继电器。

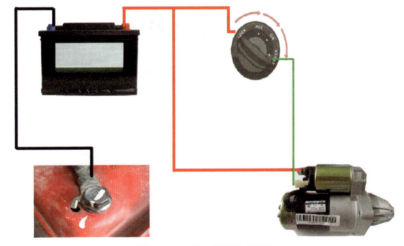

图 28-2　起动机的连接

图 28-3 所示为 2012 年款科鲁兹的启动电路。起动机的 50 号端子由启动继电器控制，启动继电器安装在机舱熔丝与继电器盒内部。启动继电器是由发动机电脑控制的。发动机电脑根据车身电脑传递过来的钥匙位置信息、挡位信息、离合器位置信息来确定是否要启动发动机，如果需要启动发动机运行，发动机电脑则会控制启动继电器闭合，起动机工作。

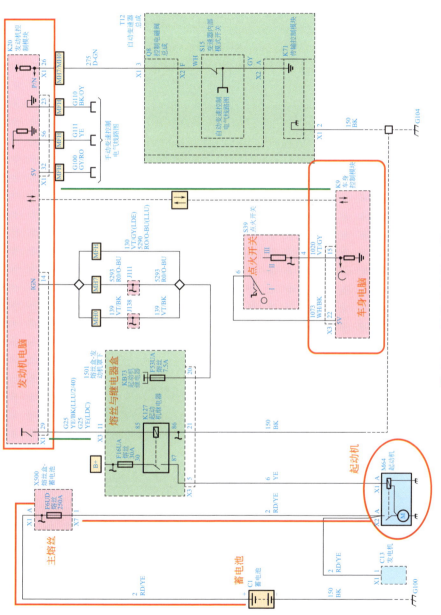

图 28-3 科鲁兹启动电路

该类控制逻辑如果出现故障，起动机不能正常工作。需要使用解码器从发动机电脑读取有关于启动系统的数据流进行分析，看输入信号是否有问题。接着使用试灯在点火启动时检测起动机的50号端子是否有电。如果没有电，则检测启动继电器控制电路。

参考文献

[1] 周晓飞. 汽车电工从入门到精通 [M]. 北京：化学工业出版社，2019.

[2] 顾惠烽. 汽车常见故障识别·检测·诊断·分析·排除 [M]. 北京：化学工业出版社，2019.

[3] 曹晶. 汽车防盗原理与编程技术 [M]. 北京：化学工业出版社，2019.

欢迎订购化工版汽车图书

书号	书名	定价/元	出版时间
35605	汽车总线系统原理与故障检修（配视频）	99.00	2020.03
36176	无人驾驶技术	69.00	2020.05
35992	汽修疑难杂症 识别·检测·诊断·分析·排除（配视频）	88.00	2020.05
33030	汽车常见故障 识别·检测·诊断·分析·排除（配视频）	88.00	2019.01
34995	汽车电工从入门到精通（配视频）	99.00	2019.11
32944	汽车维修从入门到精通（配视频）	99.00	2018.11
32369	智能交通与无人驾驶	88.00	2018.10
32166	这样学交规 驾照不扣分	49.80	2018.09
31984	汽车车载自动诊断系统维修百日通	66.00	2018.08
32056	汽车控制器与执行器维修百日通	65.00	2018.08
31878	汽车电子元器件识别与检测	69.00	2018.07
31494	图解电动汽车维修入门与提高	69.00	2018.05
31246	汽车原理构造与识图	99.00	2018.04
31437	汽车定期维护	59.00	2018.03
30770	教你成为一流汽车电工（第二版）（配视频）	69.00	2018.01
30852	电动汽车结构·原理·应用（第二版）	88.00	2018.01
30423	汽车知识与探秘（配视频）	39.80	2018.01
27643	新能源汽车关键技术	88.00	2017.01
30420	汽车传感器 识别·检测·拆装·维修（双色图解精华版）	59.00	2017.10
30496	汽车传感器检修全程图解	49.00	2017.11
21170	汽车电工入门全程图解	29.00	2014.10
20525	汽车维修工入门全程图解	29.00	2014.08
29458	教你成为一流汽车维修工（第二版）（配视频）	59.80	2017.07
29712	汽车构造与原理百日通（配视频）	69.00	2017.08
25172	汽车发动机构造·检测·拆装·维修	68.00	2016.01
25320	汽车底盘构造·检测·拆装·维修	48.00	2016.01
29267	图解汽车基本性能 检测·诊断·分析·评价	68.00	2017.06
29058	驾驶员安全停车技术全程图解（配视频）	39.90	2017.05
30649	驾校学不到：汽车驾驶养护1200招	69.80	2017.11
30327	汽车驾驶全程图解（自动挡：配动画视频版）	59.80	2017.10
30328	汽车驾驶全程图解（手动挡：配动画视频版）	59.80	2017.10

以上图书由化学工业出版社·汽车出版中心出版。如需以上图书的内容简介和详细目录，或者更多的专业图书信息，请登录 http://www.cip.com.cn 。

地址：北京市东城区青年湖南街13号（100011） 购书咨询：010-64518888（传真：010-64519686）

如要出版新著，请与编辑联系。联系电话：010-64519275；联系邮箱：huangying0436@163.com